MÉMOIRE

SUR

L'INDUSTRIE MINÉRALE

EN FRANCE

CONTENANT LES PROCÉDÉS NOUVEAUX

POUR

L'EXTRACTION, LA PRÉPARATION ET LE TRAITEMENT DES MINERAIS

ET DES MÉTAUX AUTRES QUE LE FER

ADRESSÉ

A S. M. L'EMPEREUR NAPOLÉON III

PAR LE Dr RAOUL DESTREM

CHEVALIER DE LA LÉGION D'HONNEUR

DIRECTEUR DE LA FONDERIE DU GRAND PORT DE BÈGLES, A BORDEAUX,
DIRECTEUR-GÉRANT DES MINES D'ÉTAIN DE LA HTE-VIENNE, ET DE PLOMB DE LA CHARENTE,
ANCIEN PROFESSEUR DE CHIMIE MINÉRALE, CHARGÉ DE PLUSIEURS MISSIONS PAR LE MINISTÈRE
DE L'AGRICULTURE, DU COMMERCE ET DES TRAVAUX PUBLICS, DE 1849 A 1856,
MEMBRE DU COMITÉ DES ARTS,
De l'Académie Nationale, Agricole, Manufacturière et Commerciale.

Avec 10 planches in-4°.

Prix : 6 fr.

PARIS

LIBRAIRIE SCIENTIFIQUE, INDUSTRIELLE ET AGRICOLE

E. LACROIX

ANCIENNE MAISON L. MATHIAS, 15, QUAI MALAQUAIS

1861

Paris, le 31 mars 1860.

A SA MAJESTÉ L'EMPEREUR NAPOLÉON III

SIRE,

Au moment où Votre Majesté vient d'indiquer à la France, par sa lettre du 5 janvier 1860, le but qu'elle se propose en développant le commerce et l'industrie, il est du devoir de tout Français d'apporter à cette grande œuvre de paix le concours de ce que ses travaux peuvent avoir produit d'utile.

Le généreux appui qu'a bien voulu m'accorder M. le comte de Morny, en me confiant d'importants capitaux pour le développement de l'industrie minière et métallurgique, si négligée jusqu'à ce jour, et en me présentant à l'Empereur, aux Tuileries, m'encourage à solliciter le bienveillant intérêt de Votre Majesté, qui, après avoir tant fait pour la gloire de la France, veut consacrer son règne par des institutions capables d'améliorer le bien-être du peuple français.

Son gouvernement a déjà prodigué les encouragements à l'agriculture, pourquoi ne porterait-il pas le même intérêt à l'exploitation des mines, qui peut doubler la richesse territoriale de la France?

Votre Majesté a daigné me permettre de lui exposer les résultats de mes études sur la métallurgie en France, comparée à celle des autres peuples, l'opportunité de la développer et la possibilité de la perfectionner promptement par des procédés nouveaux. Ne trouvera-t-elle pas un motif légitime de continuer son bienveillant intérêt à cette industrie nouvelle dans ce fait, que la France paie tous les ans à l'étranger un tribut de 150 millions de francs pour son alimentation en étain, plomb, zinc, cuivre, etc., tandis qu'elle pourrait si facilement trouver ces ressources chez elle, en exploitant les riches gisements métalliques qu'elle possède?

Par principe économique, dans d'autres pays, les souverains ou les Etats ont pris depuis longtemps l'initiative de ces exploitations. En Allemagne, en Russie, en Angleterre et en Espagne, elles sont une source de revenus considérables.

D'un autre côté, plusieurs expositions ont récompensé nos efforts par leur juste appréciation de la *mise en valeur* de plusieurs mines françaises, et il a été démontré à Votre Majesté que son désir de voir développer ces industries peut se réaliser promptement avec sa bienveillante protection. Elle soutiendra les travailleurs voués à cette œuvre de paix en leur portant bonheur, comme le génie de l'Empereur a porté bonheur à la France.

Daignez, Sire, agréer l'hommage de ce mémoire et des échantillons de produits français que Votre Majesté a bien voulu remarquer à l'exposition de Bordeaux.

J'ai l'honneur d'être avec le plus profond respect,

De Votre Majesté,

Le très-humble, très-obéissant et très-dévoué sujet,

Raoul DESTREM,

Chevalier de la Légion d'honneur.

25, *rue de l'Université, à Paris.*

CABINET

DE

L'EMPEREUR

Palais des Tuileries, le 10 avril 1860.

Monsieur,

.... Pour répondre à vos désirs, je me suis empressé de placer sous les yeux de l'Empereur et votre Mémoire sur l'industrie métallurgique en France, et les remarquables échantillons de minerais et de métaux français qui l'accompagnaient. Sa Majesté, dont vos produits avaient déjà appelé l'intérêt, a reçu avec plaisir cet hommage, et elle me charge de vous remercier, en vous renouvelant l'assurance de sa satisfaction.

Agréez, Monsieur, l'expression de mes sentiments distingués.

Le Secrétaire de l'Empereur, chef du cabinet,

MOCQUARD.

A Monsieur Raoul Destrem.

INDUSTRIE MINÉRALE.

AVANT-PROPOS. — GÉNÉRALITÉS.

Je n'ai pas l'intention d'écrire ici un traité d'exploitation minière : nous possédons déjà des ouvrages très-savants sur cette matière ; mon seul but est de décrire ici les principaux procédés généralement employés dans les mines et les usines, en y ajoutant des moyens nouveaux et quelques remarques pratiques, pour que l'art de la métallurgie devienne chez nous l'art de gagner de l'argent en produisant d'autres métaux.

Aujourd'hui, par ce Mémoire, je ne veux qu'attirer l'attention sur l'industrie minière et métallurgique si négligée jusqu'à ce jour, et comparer l'état actuel de cette industrie en France et à l'étranger avec l'état où peuvent la porter les procédés nouvellement inventés, les perfectionnements journellement imaginés et appliqués chez nous ou ailleurs par moi-même ou par d'autres. J'ai compris qu'en industrie il fallait toujours choisir les procédés sans amour-propre ni préjugé, s'aider de tout ce qui est utile, et puiser partout où se trouve une bonne idée ou un procédé avantageux, sans s'inquiéter de son origine nationale ou étrangère, pourvu que les résultats qu'on doit en obtenir soient de plus en plus favorables et réalisent un progrès quelconque. Enfin, j'engage particulièrement les exploitants ou les industriels à ne pas se montrer parcimonieux lorsqu'ils ont trouvé un procédé meilleur : qu'ils sachent alors faire une dépense nouvelle, et se résigner à passer par profits et pertes la dépense déjà faite pour le procédé inférieur.

Ce sera sage en pareil cas, et le sacrifice nouveau sera bientôt regagné, tandis que l'hésitation et le retard augmenteraient la perte.

Plus tard, je publierai dans un *Manuel pratique* le résultat de plus de dix ans d'études sur ces matières à un point de vue nouveau pour servir de guide utile aux exploitants, et en particulier aux contre-maîtres chargés de l'extraction et de la préparation des minerais ou de leur fonte, en les mettant sur la voie des améliorations les plus promptes, les plus économiques et les plus avantageuses à un point de vue quelconque. Par le récit de ce qu'on fait ailleurs, je prouverai qu'on peut faire aussi bien en France. J'espère qu'on me saura gré d'aider et d'encourager ceux qui développent l'industrie minérale de la France ; car étudier les progrès de la science, fonder des usines, risquer des capitaux, n'est pas l'œuvre de tout le monde : il faut à la fois du cœur, de l'intelligence et du patriotisme pour entrer dans cette voie.

Mon travail complet sera un *Manuel pratique du métallurgiste*, et non un cours ni un traité de métallurgie ; il contiendra assez de principes de science pour être compris, mais pas trop de dissertations scientifiques qui pourraient fatiguer les hommes de l'art à qui je m'adresse. Car les industriels ont plus besoin d'exemples à suivre dans les diverses circonstances où ils se trouvent, que de raisonnements abstraits, qui ne les tireraient pas aussi bien d'embarras dans les difficultés de leurs travaux. Aussi je multiplie les exemples dans ce *Manuel*, et répète souvent les conseils pratiques les plus importants, dans le seul but d'être utile à ceux qui ont le courage de s'adonner aux travaux des mines et de la métallurgie, les plus pénibles que l'homme puisse s'imposer, depuis le métier du mineur jusqu'à l'art du fondeur.

Les industriels méritent des encouragements. Ils ne sont pas sensibles à ce qu'on peut dire d'eux ; mais ils ne veulent pas que, par ignorance ou par bouffonnerie, on raille et décourage ceux qui les soutiennent dans cette œuvre difficile et méritoire, si utile à l'amélioration du bien-être du peuple français par l'augmentation de la fortune territoriale de notre patrie.

Quant à moi, je serai satisfait et me croirai largement récompensé de mes études et de mes peines si je puis être utile à quelques exploitants par mes exemples, mes conseils, et par le récit de ce qui se fait de bien ailleurs; car la connaissance de ce qui réussit aux autres leur évitera les tâtonnements, les écoles et les pertes de temps et d'argent. L'expérience et le succès des autres assureront leurs progrès et leurs plus grands bénéfices.

Si je livre ce mémoire au public avant la publication de mon *Manuel pratique du métallurgiste*, c'est que j'ai hâte de faire profiter chacun des heureuses améliorations apportées à l'art d'exploiter les mines et de fondre les minerais pour obtenir les métaux.

Si les métaux étaient toujours à l'état natif dans la nature, mêlés à des matières étrangères, le traitement des minerais qui les sépare des parties stériles résumerait toute la métallurgie; mais, comme beaucoup de métaux se trouvent à l'état de combinaison, il est nécessaire d'appliquer les principes de la chimie à la séparation des corps engagés dans ces combinaisons, et on obtiendra d'autant plus facilement ces métaux que les minerais seront mieux préparés. D'où on doit conclure que les perfectionnements apportés à l'extraction et à la purification des produits des mines sont des plus importants pour la métallurgie.

Voyons en peu de mots ce qu'on faisait autrefois, ce qu'on fait ailleurs, et ce qu'il est possible de faire aujourd'hui partout.

Les anciens savaient utiliser les minerais des métaux précieux, même quand ces matières étaient disséminées en faibles proportions dans leurs gangues. Mais ils ne pouvaient utiliser que les minerais riches des métaux ayant moins de valeur, parce que les opérations auxquelles ils étaient obligés de soumettre ceux qui étaient disséminés dans les gangues stériles revenaient à un prix plus élevé que la valeur du métal obtenu dans ce cas.

Autrefois, pour séparer les minerais de leurs gangues, on soumettait les produits des mines à des lavages qui, en entraînant les matières étrangères mêlées aux minerais, entraînaient aussi beaucoup de matières utiles, fines, et quelquefois des plus précieuses, ce qui occasionnait des pertes considérables. En faisant connaître les nouveaux procédés de *séparation* plutôt que de *lavage* des minerais, nous apprendrons à chacun à *ne plus rien perdre* et à *obtenir les minerais plus purs, à meilleur marché*. Par suite, et comme dernier avantage, le fondeur y gagnera de n'avoir plus une si grande quantité de matière étrangère à soumettre à ses fourneaux, ce qui le forçait à ajouter lui-même une quantité proportionnelle de substances fondantes aux gangues à séparer, et l'obligeait à brûler beaucoup plus de combustible. Cette économie de combustible sera déjà un bénéfice immense ; mais, d'un autre côté, les minerais plus purs seront, plus utilement qu'auparavant, soumis aux divers procédés chimiques des laboratoires ; et les applications de la science à cette industrie seront plus souvent possibles et bien plus avantageuses. Enfin, on comprendra facilement l'importance de ces nouveaux procédés, si on rappelle ce principe fondamental en métallurgie, comme en toute autre industrie commerciale, que la valeur marchande d'un métal doit couvrir les frais de toutes les opéartions qui concourent à sa production et *procurer un bénéfice*. Plus on fera avec économie et en grande quantité, plus on aura de bénéfice.

Les moyens nouveaux permettent d'utiliser avec bénéfice ces métaux divers qui se trouvent disséminés en très-faible proportion dans les gangues des minerais bruts plus ou moins difficiles à séparer, qu'on laissait perdre en les accumulant sur le carreau des mines. Nous devons nous en réjouir et nous empresser d'employer ces moyens nouveaux ; car l'homme qui, disposant de grandes richesses minérales, en laisse perdre à toujours une partie notable, est réellement coupable envers la postérité lorsqu'il peut y remédier, surtout avec des procédés aussi simples et aussi sûrs que ceux que nous proposons, tant pour l'extraction des roches dans les mines que pour la préparation des minerais et leur traitement à la fonderie. Il peut réaliser une économie notable de temps et d'argent en employant :

1° Les procédés d'extraction des minerais par la division des roches sans l'emploi de la poudre, au moyen de la machine dite *Excavateur mécanique*, ou appareil à percer les galeries de mines dans la roche et les tunnels de chemins de fer, etc., brevetée tant en France qu'à l'étranger, par MM. Vallaury, Buquet et Destrem. Ce procédé ou cette machine permet d'extraire les roches beaucoup plus vite et à moindre prix. (Voir chap. II de ce Mémoire.)

2° Les procédés de lavage des minerais ou plutôt de traitement mécanique, de classement et de séparation des minerais de leur gangue au moyen d'un appareil dit *tube séparateur*, breveté tant en France qu'à l'étranger par MM. Toussaint et Langlois, appareil qui permet d'éviter la perte énorme qu'on éprouve dans les lavages par les anciens procédés, d'obtenir des minerais plus purs ou presque sans aucune gangue, et d'opérer cent fois plus vite en lavant cent fois plus de minerai à la fois dans le même temps. (Voir chap. III de ce Mémoire.)

3° Les procédés perfectionnés pour fondre les minerais au moyen de réactions chimiques dont M. Destrem a fait des applications nouvelles à beaucoup de minerais pour obtenir la plupart des métaux autres que le fer. (Voir chap. IV de ce Mémoire.)

Après avoir comparé dans ce Mémoire l'état actuel de notre industrie minérale en France et dans les pays voisins, je me fais un devoir d'indiquer les moyens qui me paraissent essentiels pour arriver à développer sûrement chez nous cette industrie, dont l'État pourrait bientôt retirer des ressources considérables, comme le font déjà depuis longtemps la Saxe, la Prusse, la Suède, la Russie et d'autres États.

Il est vraiment étrange que la France, si avancée dans les progrès de tout genre, et la première pour les sciences, soit au-dessous des autres nations pour son industrie minérale. Il est d'autant plus étonnant qu'elle ait échoué dans l'exploitation des substances métalliques diverses, que, depuis un demi-siècle, elle a développé d'une manière considérable la production de ses mines de fer et de houille.

Pourtant, depuis le Consulat et l'Empire, la France possède des lois protectrices de ces industries, des corps savants et des écoles spéciales parfaites pour les études de ce genre. L'administration des mines a même démontré que notre richesse minérale est comparable, sinon supérieure, à celle des autres pays. D'où vient donc que notre industrie ne produit pas les deux-centièmes des métaux (autres que le fer) nécessaires à la consommation de la France, tandis qu'elle pourrait, en exploitant ses mines, créer tous les ans une valeur métallique de plus de cent millions qui lui éviterait de payer un tel tribut à l'étranger? tribut d'autant plus humiliant que nous le payons quand Dieu nous dote de tous les moyens désirables pour nous y soustraire. D'où vient surtout que l'administration des Mines, si intelligente et malgré sa connaissance parfaite du pays, n'ait pu réveiller cette industrie de la torpeur où elle se trouve depuis si longtemps, et la sortir de l'ornière où elle reste impuissante, en excitant les capitalistes par une idée de patriotisme ou par l'appât d'un bénéfice? D'où vient enfin qu'elle ait laissé admettre comme une vérité dans le monde que les mines en France ne sont pas susceptibles de donner des bénéfices, puisqu'elle professe une opinion tout opposée?

Cela tient probablement à ce que la grande science du corps des Mines est exclusive et n'est pas appuyée sur assez de pratique. Il a conseillé d'exploiter les mines, sans le faire lui-même; mais le capitaliste et l'industriel n'ont pas cru à ses conseils, parce qu'ils ne voyaient pas ses exemples.

Napoléon Ier avait bien jugé l'esprit français, lorsque, pour développer l'industrie minérale, il ordonnait de créer des exploitations modèles au compte de l'Etat, à Pesey (Mont-Blanc) et à Geislautern (Sarre). Ces exploitations domaniales devaient servir d'exemples publics, et en même temps former à la pratique des élèves, qui devaient un jour en sortir pour aller servir de directeurs, de contre-maîtres et d'ouvriers habiles et expérimentés aux exploitations privées. Il avait bien compris que c'était là le seul bon moyen d'exciter les Français à exploiter cette branche de la richesse nationale. Pour rendre ces exemples plus efficaces et plus éminemment utiles, il avait décrété que les bénéfices de ces grandes exploitations domaniales seraient employés tous les ans pour la découverte et la mise en valeur de nouveaux gisements métalliques, ou pour des encouragements à des exploitations minérales analogues. Mais 1815 a emporté ces précieux avantages qui promettaient un si bel avenir à ce genre d'industrie.

Depuis cette époque, le gouvernement a adopté la même marche pour développer l'agriculture : il a créé quelques fermes modèles, grandes écoles pratiques appartenant à l'Etat ou subventionnées par lui. Un très-grand nombre de fermes privées, dignes d'intérêt, ont obtenu ses encouragements en se soumettant à l'organisation adoptée pour modèle. Chaque département en a obtenu quelques-unes, et beaucoup de bien a été fait en peu de temps sans grande dépense de l'Etat. Les préfets et les conseils généraux en ont bientôt compris l'immense avantage pour l'agriculture et ont si bien apprécié l'heureuse influence de ces exemples donnés au pays, qu'ils demandent tous les ans la création de nouveaux établissements de ce genre.

Le même bien se produirait promptement sur l'industrie minérale, si Sa Majesté l'Empereur daignait ordonner qu'il fût créé en France un certain nombre d'exploitations minières ou métallurgiques modèles, au compte de l'Etat ou subventionnées par lui, pour devenir autant d'écoles pratiques infiniment utiles dans chacun des grands centres ou groupes miniers des Pyrénées, des Alpes, des Cévènes, des Vosges et de la Bretagne. En peu d'années ces exploitations auraient donné leurs bénéfices et remboursé l'Etat de ses avances; cet exemple aurait une influence heureuse pour décider les capitalistes à exploiter les riches mines qu'ils possèdent, outre qu'elles rendraient l'immense service de former à la pratique des mines de nombreux ouvriers, contre-maîtres et directeurs d'exploitations qui manquent à la France, et nous obligent de demander à l'étranger tout le personnel nécessaire aux moindres entreprises minières ou métallurgiques, comme si les Français manquaient de capacité ou d'aptitude à ce genre de travaux !

Le gouvernement possède aujourd'hui tous les moyens efficaces d'établir et de développer l'industrie minérale : avec deux des quarante millions que Sa Majesté l'Empereur a ordonné de prêter à l'industrie, il serait facile de subventionner quelques exploitations dignes d'intérêt, déjà établies dans de bonnes conditions, et qui se traînent péniblement en luttant contre quelques difficultés ou manquent d'une impulsion utile. Ces exploitations adopteraient un plan d'organisation donné pour modèle, et rembourseraient bientôt l'Etat de ses subventions en créant en France, tous les ans, les cent millions de valeurs métalliques nouvelles pour lesquelles la France paie tribut à l'étranger, tandis qu'elle pourrait si bien les sortir de ses mines, qu'elle n'a pu encore utiliser faute peut-être de quelque machine puissante d'extraction ou d'épuisement !

D'un autre côté, le montant de la redevance proportionnelle d'une mine en France est égal pour chaque exercice au vingtième du produit net de l'exploitation pendant l'exercice précédent, et les redevances payées tous les ans par les mines de l'Empire donnent une somme d'environ 500,000 francs, comme on le voit par le tableau ci-contre.

Sous le Consulat, ces redevances formaient un fonds spécial destiné à encourager et développer l'industrie minérale ; pourquoi le gouvernement, aujourd'hui si désireux de voir prospérer cette industrie, n'autoriserait-il pas la création d'une *Société de crédit minier*, ayant pour but de subventionner et de soutenir les établissements miniers et métallurgiques dignes d'intérêt pour le pays, et promettant des résultats avantageux et une exploitation fructueuse? Il suffirait, d'après nous, pour que cette Société se constituât utile et prospère, que le gouvernement voulût bien la considérer comme d'utilité publique, et par suite l'autorisât à se former au capital de 15 à 20 millions avec une garantie d'intérêt *minimum* assurée par l'Etat au moyen des 500.000 francs qu'il reçoit à titre de redevances. Ainsi, les mines se soutiendraient par elles-mêmes, comme par une assurance générale des mines par les mines, sans aucun sacrifice de l'Etat. Alors nous verrions bientôt, comme cela est arrivé pour les chemins de fer, les capitaux abonder sous la protection de cette garantie ; et bientôt après l'attrait des bénéfices de cette industrie, ainsi développée, suffirait pour les attirer dans toutes les entreprises de ce genre. Bientôt après la promesse d'une garantie d'intérêt aux capitaux, l'impulsion qu'aurait donnée l'appui de l'État doublerait le produit des redevances payées par toutes les mines de l'Empire, et le Trésor y gagnerait un *encaisse*, au lieu de supporter une dépense qui n'est pas probable ; car la Compagnie nouvelle, ayant compris la nécessité d'associer les fonderies aux mines, cette association assure le paiement des intérêts à tout le capital par le seul fait des bénéfices certains et continuels des usines, qui couvriront toujours les éventualités des mines dont les bénéfices sont moins constants.

DÉPARTEMENTS	ANNÉES					
	1847	1848	1849	1850	1851	1852
	fr.	fr.	fr.	fr.	fr.	fr.
Ain	8.180	2.100	99	1.209	1.193	3.073
Aisne	170	170	170	234	173	179
Allier	9.300	15.100	13.150	16.303	16.107	17.175
Alpes (Basses-)	473	381	399	379	386	409
Alpes (Hautes-)	256	284	292	469	406	439
Ardèche	13.697	8.882	4.132	1.789	4.756	5.288
Aude	296	429	341	270	270	404
Aveyron	2.357	3.440	7.661	7.499	9.444	10.650
Bouches-du-Rhône	2.098	6.954	3.719	7.939	4.972	2.142
Calvados	900	2.500	»	»	»	1.562
Cantal	138	»	29	48	45	90
Corrèze	265	466	476	1.451	941	2.406
Côte-d'Or	»	518	176	»	»	427
Creuse	525	350	241	330	156	1
Dordogne	14	374	»	»	»	»
Doubs	544	448	74	330	382	470
Finistère	653	»	»	500	500	500
Gard	11.970	21.639	12.004	10.351	9.005	10.982
Hérault	3.309	6.302	8.542	6.944	5.305	7.364
Ille-et-Vilaine	210	59	698	1.118	1.100	1.709
Isère	2.406	3.492	4 446	4.444	4.749	4.948
Jura	417	390	98	»	»	9
Landes	2.265	2.474	2.504	1.694	3.670	2.578
Loire	104.350	128.370	42.850	126.315	162.776	183.764
Loire (Haute-)	2.793	2.435	1 438	1.682	2.234	2.496
Loire-Inférieure	»	309	»	481	»	962
Lozère	934	881	1.601	1.580	1.935	44
Maine-et-Loire	2.493	2.011	10.315	3.972	2.512	3.672
Mayenne	7.300	8.300	5.615	8.692	10.071	23.575
Moselle	7.803	8.600	»	2.051	858	900
Nièvre	3.250	3.000	3.748	5.241	3.345	5.045
Nord	168.709	246.958	109.553	117.500	120.425	123.499
Pas-de-Calais	1.867	1.253	1.681	329	»	[illegible]
Puy-de-Dôme	904	1.245	1.395	2.605	3.202	1.067
Pyrénées (Basses-)	190	234	158	96	98	40
Pyrénées (Hautes-)	»	»	»	»	458	»
Pyrénées-Orientales	2.022	1.899	1.468	1.452	1.491	1.200
Rhin (Bas-)	1.268	374	412	1.495	1.605	1.600
Rhin (Haut-)	200	152	»	»	»	»
Rhône	1.320	2.229	1.449	2.271	3.227	4.203
Saône (Haute-)	3.393	4.092	6.720	26.590	17.284	1.448
Saône-et-Loire	27.032	43.732	33.554	29.208	38.536	62.870
Sarthe	5.525	6.820	2.843	6.239	3.123	6.116
Sèvres (Deux-)	»	150	327	1.033	770	865
Tarn	12.500	12.500	10.065	16.410	18.560	18.667
Var	936	322	370	504	425	490
Vaucluse	177	414	543	364	452	382
Vendée	»	67	86	600	747	829
Vosges	133	3	48	37	88	90
TOTAUX — Mines de Houille	371.818	517.534	278.142	403.518	434.033	485.493
TOTAUX — Mines métalliques	43.412	36.289	13.418	16.255	25.404	33.588
TOTAUX — Toutes les mines	415 230	553.823	291.560	419.773	459.437	512.784

En voyant le peu de sacrifices qu'il faut à l'État pour exécuter notre plan, et le produit important qui doit en résulter, Sa Majesté Napoléon III ne voudra pas retarder plus longtemps de doter la France de ce bienfait nouveau qui peut augmenter si rapidement sa fortune territoriale, et porter son industrie minérale au niveau de celle des autres peuples, surtout à l'époque où nous possédons des moyens nouveaux qui nous permettent d'exploiter les mines à moitié prix, d'éviter les pertes notables de minerais dans les lavages et de métaux dans les scories, avantage puissant et déterminant au point de vue économique.

N'est-ce pas honteux en effet de voir notre industrie minérale produire un million et demi de minerais, ou de valeurs minérales créées en France en minerai, et manufacturer à peine sept millions en moyenne de métaux, lorsque notre pays en consomme vingt fois plus tous les ans; tandis que la même industrie produit en Prusse plus de vingt millions de minerais et plus de cent millions de métaux divers manufacturés dans ses usines métallurgiques; que l'Autriche, la Russie, la Belgique et l'Espagne en produisent chacune à peu près autant; comme l'Angleterre produit plus de cent cinquante millions de minerais (autres que le fer), et manufacture plus de quatre cent cinquante millions de métaux (y compris le fer), qu'elle revend en partie sur le continent avec de grands bénéfices.

Nous avons donc la ferme espérance que l'Empereur, si bon juge en pareille matière, voudra encore ajouter ce nouveau bienfait à tant d'autres dont la France lui est redevable, et que sa volonté puissante daignera ordonner qu'une commission, composée d'ingénieurs des mines expérimentés, soit chargée d'étudier ce plan, au moyen duquel on peut développer sûrement et promptement l'industrie minérale en France, et de lui adresser un rapport d'urgence. Je me mettrai de bonne grâce au service de ces messieurs pour leur fournir tous les renseignements pratiques que j'ai pu recueillir par dix années d'études sur les exploitations minérales françaises et étrangères. Heureux si je pouvais porter ma pierre utile à l'édifice de cette industrie, qu'on peut dire nouvelle, mais d'un immense avenir en France!

CHAPITRE PREMIER.

Industrie minérale française.

§ Ier. *De l'industrie minérale en France comparée à celle des autres peuples.*

Le simple examen des diverses cartes géologiques du globe et de la carte des gisements métalliques de France établie par les soins du ministre des travaux publics, sur les documents fournis par les ingénieurs des mines, indique à tout esprit clairvoyant que la richesse minérale de la France ressemble à celle des pays voisins. Nos études comparatives en Angleterre et en Allemagne nous ont démontré que les gisements français sont, dès la surface, aussi importants que ceux des Allemands et des Anglais. De nombreux échantillons de minerais français mis en présence de ceux de nos voisins et comparés avec soin par les hommes compétents ont paru parfaitement semblables.

Nos études en profondeur ne sont pas très-nombreuses encore ; mais parmi plus de cinq cents gisements de plomb, d'argent, d'antimoine, de cuivre, de zinc, d'étain et d'or connus en France, on a constaté sur plus de cinquante que la richesse était très-abondante en profondeur et augmentait dans une proportion au moins égale à celle de l'augmentation dans les autres pays, à l'exception peut-être de l'Espagne, de l'Amérique et de l'Océanie, où les gisements sont plus puissants, moins profonds et parfois d'une richesse fabuleuse ; mais leur abondance et leur richesse sont bien compensées non-seulement par le manque des voies de communication et les grandes difficultés de transport, mais encore par les conditions défavorables de main-d'œuvre, de traitement pratique des minerais, de surveillance pour l'exploitation et d'intelligence pour la direction.

Dans notre France sillonnée de routes, de chemins de fer et de canaux, *les transports* sont aujourd'hui beaucoup plus faciles qu'autrefois, aussi faciles au moins qu'en Allemagne, et beaucoup plus commodes qu'en Bohême, en Prusse, en Russie, en Norwége et en Espagne. Dans sept à huit ans, quand nos lignes de chemins de fer seront terminées, les voies de communication seront aussi avantageuses qu'en Angleterre et aux États-Unis. Presque partout, en France, on peut se passer des moyens les plus coûteux de transport à dos de mulet ; tandis que ce mode est le seul possible dans presque toute l'Espagne et les mines d'Amérique, du Chili, du Pérou, de Californie, etc. Qui ne comprendrait en effet la différence immense du transport de 10,000 kilogrammes d'un minerai, réalisable presque par toute la France, au moyen d'un wagon ou de deux charrettes, tandis qu'il nécessite la journée de cent mulets et de dix hommes en Espagne et ailleurs.

Rien de plus pittoresque sans doute que de voir ces troupeaux de mulets gravir presque sans guides les montagnes, le matin, pour aller se charger de minerais à la mine, et descendre d'eux-mêmes par de petits sentiers tortueux pour arriver le soir aux magasins avec le faible produit de la journée. Cela peut être amusant pour le touriste, mais ce n'est guère industriel, et le négociant, qui paie si cher pour animer ce paysage de ses troupeaux, préférerait bien n'avoir à traiter qu'avec une locomotive qui emporterait au loin ses minerais. Ce producteur les livrerait à moindre prix au commerce, avec un meilleur bénéfice et moins d'ennuis pour l'entretien de ses mulets.

Il est vrai qu'en Norwége, en Russie, en Prusse et en Allemagne, et presque partout ailleurs qu'en France et en Angleterre, la principale raison du succès des mines et de leurs produits fructueux tient à ce que le gouvernement soutient cette industrie par des lois protectrices très-favorables et par une administration spéciale dont la mission est d'étudier constamment tout ce qui intéresse les mines, et surtout de donner des exemples pratiques, en dirigeant les exploitations modèles de l'État où se forment les élèves contre-maîtres et ouvriers mineurs. Souvent le gouvernement les exploite lui-même avec les grandes ressources de l'État et au moyen des soldats qui, par leur grand nombre, donnent des produits abondants et deviennent, en sortant du service militaire, de bons mineurs pour l'industrie privée.

Pour appuyer nos appréciations, nous citerons beaucoup de faits contenus dans une notice sur l'exploitation des métaux autres que le fer, publiée par l'administration des Mines en 1849. Ainsi nous y lisons ceci :

« Les efforts tentés par plusieurs souverains pour rechercher et mettre en valeur les richesses minérales du territoire français furent constamment paralysés soit par les vices de la législation, soit surtout par le manque d'une administration spéciale versée dans les sciences et les arts qui se rattachent à l'exploitation des mines, et connaissant les conditions de succès propres à ce genre d'industrie. Il est même digne de remarque que Louis XIV, qui donna une si puissante impulsion aux autres branches essentielles de l'activité nationale, ne put rien faire en faveur de l'industrie minérale.

» Vers le milieu du dernier siècle, le gouvernement comprit enfin qu'il ne pouvait atteindre le but qu'avec le concours d'hommes expérimentés ; il s'appliqua à les former en donnant à diverses personnes, dont l'aptitude spéciale s'était déjà révélée, la mission d'étudier les grands districts de mines et les principales usines métallurgiques des pays étrangers. Les observations faites par Jars, le plus dévoué de ces explorateurs, contribuèrent beaucoup à initier le gouvernement français à la connaissance de l'industrie minérale, et particulièrement à celle des principes qui doivent présider à la législation et à l'administration des mines et des usines.

» Cette exploration des mines étrangères, les recherches qui, vers la même époque, furent entreprises sur des mines françaises autrefois exploitées avec avantage et depuis longtemps abandonnées, enfin l'étude à laquelle on se livra des actes des souverains dont se composait la législation souterraine, démontrèrent que, si l'industrie minérale était en d'autres pays plus prospère qu'en France, cela tenait bien moins à une plus grande richesse des mines de ces pays qu'à la supériorité de leurs institutions.

» Éclairés par ces premiers résultats, des savants et des administrateurs commencèrent à propager l'opinion que les gîtes minéraux utiles de la France offrent à l'industrie des ressources comparables à celles de plusieurs districts d'Allemagne, de Hongrie, de Suède, de la Grande-Bretagne, renommés par l'exploitation de leurs mines. Le gouvernement français se préoccupa dès lors de donner l'impulsion à toutes les branches de l'industrie minérale ; les gîtes métallifères attirèrent plus spécialement son attention.

» C'est sous l'inspiration de cette pensée que furent rendus, en 1781, l'arrêt portant création de quatre inspecteurs des mines chargés d'explorer le territoire et de proposer les mesures propres à encourager l'industrie minérale ; en 1783, l'arrêt portant création d'une École des mines *établie à Paris*, et destinée à former pour les exploitations minérales du royaume des directeurs expérimentés. Le préambule de cet arrêt porte que « le roi, étant informé que l'art de découvrir et d'exploiter les mines n'a pas fait » dans son royaume les progrès dont il était susceptible ; que, dans » le nombre de ceux qui ont obtenu des concessions, les uns n'en » ont fait aucun usage, les autres y ont employé sans fruit des » fonds considérables, et que ceux qui ont réussi n'en ont pas tiré » tout le profit qu'ils devaient en attendre, *par la difficulté de* » *trouver des directeurs intelligents*. Sa Majesté s'est fait rendre » compte des différents moyens qu'on pourrait employer pour exciter un genre d'industrie *dont les États voisins retirent de si* » *grands avantages*, et elle a reconnu que ce n'était pas assez de » donner des encouragements à ceux qui voudraient se livrer à » la recherche et à l'exploitation des minéraux, qu'il fallait encore » *former des sujets pour conduire les ouvrages avec autant de* » *sûreté que d'économie pratique*. »

» Mais ce dernier but pratique ne fut pas atteint par la création de l'École des mines de Paris. Par sa position même à Paris, elle resta trop savante, et les élèves en sortirent toujours sans aucune pratique : aussi ont-ils fait des ouvrages savants très-remarquables, mais n'ont-ils presque jamais pu diriger avantageusement des exploitations. Quand on veut former de bons officiers d'artillerie et du génie, on ne tient pas les élèves sortis de l'Ecole polytechnique à étudier les manœuvres, les armes et la poudre dans des salles de l'Ecole, mais on les envoie quelques années à l'École d'application de Metz, où sont des polygones et tous les autres moyens de les instruire de la pratique de l'art.

» Aussi, pour compléter le but pratique, sous le Consulat et sous l'Empire, le gouvernement *créa des mines et des usines domaniales*, des établissements pratiques modèles, qui, comme les fermes écoles modèles pour l'agriculture d'aujourd'hui, étaient appelés à développer en France l'industrie minière et métallurgique, en formant une population d'élèves directeurs, contre-maîtres et ouvriers, qui seraient sortis de là pour aller rendre des services immenses à l'industrie privée par leur pratique éclairée. — Je ne crains pas d'ajouter que l'arrêt dans le progrès de cette branche de la richesse nationale tient principalement à ce que ces exploitations modèles ont cessé de fonctionner en 1815. Car c'est surtout à l'institution d'exploitations-écoles-modèles analogues que l'Allemagne doit la supériorité de sa population minière, dont l'habileté pratique est reconnue du monde entier.

» Ces institutions étaient un premier pas dans la voie que suivaient depuis des siècles les États du continent célèbres par la prospérité de leurs mines. Malgré les imperfections inséparables de tout début, elles ne tardèrent pas à porter leurs fruits. L'exploration de plusieurs provinces y fit constater l'existence d'un grand nombre de gîtes métallifères. Les études pratiques confirmèrent les présomptions déduites de l'histoire et de la tradition ; elles conduisirent à la conclusion que les gîtes métallifères de la France *offraient un vaste champ à l'activité nationale*.

» L'agence des Mines, créée au commencement de la révolution, poursuivit, en ce qui concerne l'exploration des dépôts métallifères, l'œuvre entreprise sous la précédente administration. Elle fit connaître ses vues sur l'administration des mines en publiant la première livraison du *Journal des mines*. L'ensemble de ce recueil, les archives de l'administration, la fondation des exploitations domaniales de Pesey (Mont-Blanc) et de Geislautern (Sarre), témoignent du zèle et de la persévérance que l'agence et le Conseil des Mines apportèrent à la réalisation de ces vues sous la république et sous l'empire.

» Si la loi du 21 avril 1810, en ce qui concerne les encouragements à donner à l'exploitation des mines métalliques, ne répondit pas complétement aux vœux de l'administration des mines, l'article 39 de cette loi pourvut néanmoins à l'exploration du territoire, en prescrivant que la redevance perçue au profit de l'État, sur les exploitations, formerait un fonds spécial, dont une partie serait appliquée à la recherche des mines. Cette disposition aurait pu exercer une heureuse influence sur l'exploration et la mise en valeur des gîtes métallifères: malheureusement elle fut implicitement abrogée par les lois générales de finance, qui supprimèrent les fonds spéciaux. Peu de temps après, d'ailleurs, les événements de 1814 et de 1815 enlevèrent à la France les mines et les usines domaniales créées sous le consulat et sous l'empire, et contribuèrent encore à priver l'administration des mines des principaux moyens dont elle disposait pour la recherche des gîtes minéraux, et surtout pour la formation d'hommes pratiques, devenant, par ces études spéciales sur les lieux de ces exploitations, capables de diriger avec sagesse et habileté des établissements analogues.

» A dater de cette époque néanmoins, l'administration poursuivit, autant que le permirent les circonstances, l'étude des richesses minérales du territoire, en chargeant les ingénieurs des mines de faire des rapports spéciaux sur les gîtes de minéraux utiles, en faisant exécuter la carte géologique générale de la France et les cartes géologiques spéciales des départements; en confiant au conseil de l'École des mines la mission de terminer la description minéralogique de la France, et en particulier de compléter la collection des minéraux utiles; enfin en instituant la Commission de statistique de l'industrie minérale, chargée de coordonner les études statistiques des ingénieurs des mines.

» Celles de ces études qui concernaient les gîtes métallifères donnèrent lieu, en 1826, à une première publication, dans laquelle on appelait l'attention publique sur les mines inexploitées dont la reprise paraissait offrir des chances de succès. Depuis 1844, le même sujet a été traité d'une manière plus complète dans les résumés des travaux statistiques de l'administration des Mines. On y reproduit chaque année un résumé sommaire de tous les faits constatés pour cette branche trop peu connue de la richesse publiques. Ces faits sont exposés dans la carte des gîtes métallifères de la France. Enfin, l'administration des Mines fit la perfection sous le point de vue scientifique; mais, sous le point de vue pratique, elle ne put rien; elle fit des ingénieurs savants, mais inutiles dans la pratique ou incapables de servir l'industrie. »

Depuis 1815, elle n'a rien créé pour encourager par l'exemple. Aucune garantie ni preuve pratique n'a été donnée au public pour attirer et exciter son zèle vers la production minérale. Rien n'a été préparé pour soutenir les rares travailleurs ou capitalistes qui ont osé s'aventurer dans cette voie nouvelle, et chacun, malgré son courage et ses moyens, s'est usé en efforts isolés.

La France est restée tributaire à l'étranger des 150 millions qu'elle dépense tous les ans pour sa consommation en métaux, et elle en produit à peine un centième. Les statistiques portent de 1 à 2 millions la valeur créée chez elle tous les ans, tandis qu'elle pourrait créer chez elle la totalité des valeurs métalliques qu'elle consomme. Les tableaux ci-dessous montrent que l'étranger reçoit des sommes considérables pour les produits de l'industrie minérale qu'il nous livre tous les ans.

Cependant il résulte de toutes les études qu'il devrait en être autrement. Ainsi nous trouvons dans un mémoire rédigé à Hartz, en 1807, par l'un des chefs du corps des Mines, publié en 1809 avec l'approbation du Conseil des Mines, l'appréciation suivante :

« La France est un des pays les mieux partagés par la nature sous le rapport des substances minérales. On peut évaluer avec certitude à plus de 100 millions de francs *sa richesse minérale absolue* actuelle, c'est-à-dire la valeur de toutes les substances qu'on peut retirer annuellement du sein de la terre ; et néanmoins une grande partie des mines métalliques les plus riches que son sol renferme ne sont pas exploitées, et les indices de richesse minérale que présentent beaucoup de départements n'ont point encore été l'objet de recherches suivies. Si l'on remettait en activité les mines abandonnées, si l'on ouvrait toutes celles qui pourraient l'être avec avantage, on doit croire que cette richesse absolue augmenterait encore. Quoique de tout temps la France ait présenté un *capital minéral* considérable, il est cependant certain : 1° que l'ancien gouvernement retirait très-peu de produit net des mines ; 2° que la balance commerciale, sous le rapport des produits de l'industrie minérale, était de beaucoup au désavantage de la France.....

» Si l'on compare la richesse minérale de la France avec celle de plusieurs États célèbres par leurs mines, de l'Autriche, de la Prusse, de la Saxe, du Hanovre, de la Hesse, etc., on verra que la *richesse minérale absolue* de la France est beaucoup plus considérable que celle d'aucun de ces Etats ; que sa *richesse minérale relative*, c'est-à-dire considérée proportionnellement à son étendue ou à sa population, est encore ou la plus considérable ou, à très-peu de chose près, égale à celle des pays les plus riches en mines. Mais si l'on examine ensuite le parti que chacun de ces Etats tire de cette richesse, on reconnaîtra qu'il entre annuellement dans les caisses de leurs souverains de notables revenus provenant des mines, et que la balance commerciale des produits de l'industrie minérale est à l'avantage de chacun d'eux pour des sommes considérables, tandis qu'on vient de voir qu'il n'en est pas de même pour la France.....

» Ne doit-on pas croire que la différence frappante qui existe entre ces résultats et celui que nous offre la France provient principalement de la manière dont les mines et usines sont administrées dans chacun de ces Etats ?

» C'est en effet à leur administration des mines et usines que tous les pays de l'Allemagne doivent l'état florissant où elles sont parvenues chez eux.....

» En voyant les avantages nombreux qui sont résultés pour la Prusse et les autres États de l'Allemagne de l'ensemble de leur organisation des mines et usines, en considérant l'accroissement rapide qu'il a procuré à leur industrie et à leur richesse, un Français jette naturellement ses regards sur sa patrie et forme des vœux pour que le gouvernement, éclairé sur l'importance dont les mines sont pour la France, et sur les défauts du mode d'administration qui les a régies jusqu'à ce jour, s'associe aux avantages que les États de l'Allemagne, et, à leur exemple, la Suède, la Russie et plusieurs autres puissances retirent de leurs richesses minérales, en s'appropriant les lois, les règlements, les dispositions qui les leur ont procurées. »

En France, où maintenant tout est livré à l'industrie privée, sans l'exemple ou l'initiative du gouvernement, les mines ont moins de chances et de moyens de succès. Il faut que de grandes associations de capitaux et d'intelligences, comme en Angleterre, se forment pour un travail immense en commun, et trouvent, dans cette réunion de forces, les moyens de bénéfices plus variés et plus multiples, dont ils ont compris l'importance et dont ils ont besoin. En Angleterre, le sol étant peu étendu et insuffisant pour alimenter la population, chacun s'ingénie à augmenter sa fortune ou la fortune publique, en cherchant à retirer du sous-sol les richesses que le Créateur y a prodiguées. Là le peuple devient plus industriel ou commerçant ; les ouvriers ne trouvant pas leur pain à la surface, vont en grand nombre le chercher loin de leur patrie ou dans les profondeurs du sol natal : ne pouvant être laboureurs, ils deviennent mineurs ; tandis qu'en France, où nous sommes beaucoup mieux favorisés sous le rapport de la richesse de la surface de la terre, *le sol* nous fournissant tout ce que nous pouvons désirer, et suffisant à tous les besoins de la population, les travailleurs sont tous des laboureurs à la campagne ou des ouvriers à la ville, et nul ne songe à se faire mineur. De même tout propriétaire se contente de sa fortune en surface du sol, et ne songe nullement à chercher une richesse souterraine, ou à augmenter son bien-être par la recherche et l'extraction d'une richesse placée dans les entrailles de la terre.

Dans mes voyages en Angleterre et en Allemagne, j'ai souvent entendu dire que la France, le plus beau pays d'Europe, est celui qui offre la plus grande égalité dans les qualités du sol et dans le climat ; elle est susceptible d'un accroissement incalculable de richesses, mais elle est loin d'avoir atteint cette perfection, et une vaste carrière est ouverte à son énergie et à celle de son gouvernement, pour la porter à un état de richesse et de prospérité beaucoup plus considérable que celui dont elle a joui jusqu'à présent.

Tout le monde conviendra que la métallurgie est la première des industries, parce qu'elle double la richesse d'une nation en allant chercher une valeur nouvelle et inconnue sous le sol fécondé déjà par l'agriculture, en employant le plus grand nombre de bras, en fournissant la matière du travail mécanique, en donnant naissance à d'innombrables manufactures qui ont les métaux pour aliment. Mais en voyant le peu d'exploitations minières en activité en France, et en comparant les chiffres statistiques des autres pays, on croirait qu'il n'existe point de mines sur notre territoire, et que la nature, qui nous a doués d'un heureux climat sous le rapport de l'agriculture, nous a refusé la richesse souterraine qui décuple souvent la valeur du sol.

On serait dans une grave erreur si l'on adoptait cette opinion, car je trouve dans le *Journal des Mines* (Ier volume, page 57) le passage suivant :

« Ce serait prendre un soin superflu que de prouver que la France possède des mines nombreuses.

» 1° Il n'existe pas de raison pour que les montagnes primitives et secondaires qui la traversent, liées à toutes celles qui renferment des mines dans les autres pays et leur étant parfaitement semblables, ne contiennent pas aussi les mêmes substances. La nature, si prodigue d'ailleurs envers notre pays, n'aurait-elle été avare pour lui que sous ce rapport? A ce genre de preuves fondées sur l'analogie, il s'en joint de plus directes : elles résultent de la multitude des mines déjà reconnues et même exploitées, dont l'énumération remplit des ouvrages entiers

» D'où naît donc l'opinion généralement répandue que l'Allemagne, la Hongrie, la Suède, l'Angleterre, possèdent beaucoup plus de richesses minérales que la France? Probablement de ce que ces pays, moins riches que le nôtre en productions commerçables du sol ou de l'industrie, ont accordé à celles-ci un plus grand degré d'attention. Ils ont senti avant nous le besoin de perfectionner la législation des mines, de multiplier les exploitations, *et de former des sujets capables de les diriger*. Ainsi, ce que nous attribuons aux seules faveurs de la nature est dû surtout aux circonstances où ces peuples se sont trouvés, et aux efforts qu'ils ont été obligés de faire. En nous livrant aux mêmes travaux, nous avons lieu d'espérer les mêmes résultats. »

D'ailleurs voici le tableau de nos richesses par nature de métal.

TABLEAU DES GITES MÉTALLIFÈRES EN FRANCE.

NOM DES MÉTAUX.	NOMBRE de Concessions.	NOMBRE de MINES.	NOMBRE de GITES.	USINES.	CONSOMMATION en FRANCE.	VALEUR PRODUITE ou créée EN FRANCE.
Cuivre	10	61	18	7	36.361.800	30.540
Plomb alquifoux	17	19	26	»	14.161.850	1.440
Argent	3	2	1	»	68.450.700	»
Plomb et argent	25	9	58	9	»	850.206
Cuivre, plomb et argent	12	30	74	»	»	»
Étain	3	2	1	»	9 084.400	5.000
Antimoine	26	6	12	8	176.000	32.783
Or	2	9	6	»	10.000.000	»
Mercure	»	1	4	»	9.331.000	»
Zinc	13	1	2	»	9.812.211	»
Manganèse	19	5	12	»	2.315.500	136.720
Chrome	»	1	1	»	934.000	»
Cobalt	2	4	1	»	110.848	»
Nickel	»	1	1	»	22.250	»
Bismuth	1	»	1	»	32.000	»
Arsenic	3	4	3	»	341.000	1.000
Graphite	»	»	1	»	222.500	»
TOTAUX		513		24	151.345.909	1.057.689

NOMBRE et SITUATION DES MINES.		NOMS des MINES EXPLOITÉES.	NATURE des MINES EXPLOITÉES.
Alpes (Hautes-)	1	Argentière et Grand-Clot	Galène argentifère
		La Féronnière	
Aude	4	Saint-Andrieu	Manganèse
		Ville-Rembert	
		La Pouzanque	
Cantal	1	Ouche	Antimoine
Finistère	2	Hoelgoat	Galène argentifère
		Poullaouen	
		La Cabane	
Gard	4	La Palière	Alquifoux
		Lacoste	
		La Grande-Vernissière	
Garonne (Haute-)	1	Saint-Mamet	Galène argentifère
Ille-et-Vilaine	1	Pontpéan	Galène argentifère
		Vienne et Grand'Combe	
Isère	4	Allemont	Galène, zinc
		Chalanches	Cobalt, nickel et argent
		Grand-Clot et Oisans	
Loire	1	Saint-Julien-Molin	Galène argentifère
		Fromenti	
Haute-Loire	3	Licoulne	Antimoine
		Lubillac	
Loire-Inférieure	1	Pyriac et Crossac	Étain et plomb argentifère
Lozère	1	Vialas	Plomb argentifère. Antimoine
Morbihan	1	Pénestin	Minerai d'étain
		Combes	
		Labruyère	
		Courgoul	
		Saint-Amant-Roche-Jeune	Plomb argentifère
		Barbecot	
		Roure	
Puy-de-Dome	14	Pont-Gibaud	
		Joursac	Alquifoux
		Auzat-le-Luguet	
		Anglebas	
		Chamadou	Sulfure d'antimoine
		Messeix	
		Saint-Sauves	
		Germ	Oxyde de manganèse
		Vieille-d'Aure	
Hautes-Pyrénées	4	Rieman	Nickel et cobalt
		Ouillères	Arsenic
		Chessy	Minerais de cuivre
Rhône	2	Saint-Bel	
		Gîtes divers	Oxyde de manganèse
Haute-Saône	1	La Romanèche	
		Grand-Filon	Manganèse oxydé
		La Viellie-Cure	
Saône-et-Loire	6	Mesmon	
		Vandenesse	Alquifoux
		Saint-Prix	
		Montmorillon	Manganèse oxydé
Vienne	1	Framont	Minerai de cuivre
Vosges	1		
Totaux	53	Exploitées à diverses époques, mais non en même temps.	

UTRES QUE LE FER EN FRANCE.

MINERAIS PRODUITS OU VALEUR CRÉÉE EN FRANCE.					
En 1847.	En 1848.	En 1849.	En 1850.	En 1851.	En 1852.
»	17.380	23.740	32.625	90.185	131.568
16.246	»	»	»	»	»
»	600	6.000	4.930	3.216	»
283.480	238.692	277.579	302.503	284.200	254.400
1.260	1.330	495	»	»	»
57.960	32.230	»	»	»	»
42.600	38.333	45.518	49.980	66.154	60.020
»	»	14.000	49.123	74.026	120.126
»	2.331	»	8.280	6.050	»
»	3.375	5.312	744	3.061	2.186
»	9.610	8.610	30.450	7.500	»
189.000	171.548	172.714	169.373	133.284	281.086
»	»	2.660	»	5.197	1.283
»	»	»	2.250	4.725	4.185
245.900	277.840	252.364	278.238	271.430	302.900
»	»	750	750	750	4.237
»	5.238	4.345	»	800	»
»	»	4.600	9.280	»	14.400
42.700	16.264	47.974	59.230	65.214	121.991
960	575	9.600	2.250	»	»
142.900	59.493	41.827	78.536	90.652	150.343
180	204	»	»	»	»
»	»	1.650	»	»	»
1.023.486	875.063	917.998	1.078.542	1.111.444	1.398.728

NOM ET SITUATION DES FONDERIES.	MATIÈRES PREMIÈRES.	NATURE DES PRODUITS.
Ardennes..............	Minerai de cuivre du Chili....	Cuivre affiné............
Bouches-du-Rhône :	Minerai de cuivre de Mouzaïa.	Cuivre affiné............
Caronte.	Galène argentifère............	Plomb d'œuvre............
Marseille.		Argent fin................
		Or........................
Eure	Minerai de cuivre d'Amérique.	Cuivre affiné............
Romilly.		
Finistère :	Galène argentifère	Plomb marchand..........
Poullaouen.		Litharge marchande.......
Huelgoat.		Argent fin...............
Garonne (Haute-) :	Minerai de cuivre du Chili....	Cuivre affiné............
Toulouse.		
Saint-Mamet.		
Lozère :	Galène argentifère............	Plomb marchand.........
Vialas.		Litharge marchande......
		Argent fin...............
Nièvre :	Minerai de cuivre du Pérou...	Cuivre affiné............
Imphy.		
Baigorry.		
Puy-de-Dôme :	Galène argentifère............	Plomb marchand..........
Pongibaud.		Litharge marchande......
		Argent fin... ....
Rhône :	Pyrite de cuivre.............	Cuivre affiné............
Chessy.		
Saint-Bel.		
Seine :	Cuivres du Pérou et du Chili.	Cuivre affiné............
Paris.		
Belleville.		
Seine-Inférieure :	Minerai de cuivre d'Amérique.	Cuivre affiné............
Rouen.		
Graville.		
Totaux partiels...	Minerai de cuivre.......	Cuivre en lingots..........
	Galène argentifère....	Or........................
		Argent fin................
		Litharge marchande.......
		Plomb marchand..........
Totaux généraux...	Cuivre et plomb, avec or, argent et litharge...............	

RES QUE LE FER (EN FRANCE).

VALEUR DES PRODUITS OBTENUS OU MANUFACTURÉS EN FRANCE					
En 1847.	En 1848.	En 1849.	En 1850.	En 1851.	En 1852.
fr.	fr.	fr.	fr.	fr.	fr.
»	»	»	»	749.520	179.328
»	»	108.800	131.000	46.000	56.000
»	»	»	»	1.043.340	1.472.011
2.750.000	277.200	240.240	519.750	1.250.740	1.631.400
434.820	340.409	405.132	444.160	432.439	420.079
24.065	12.210	100.625	168.075	308.700	190.320
237.404	249.730	196.741	196.785	159.831	286.980
341.760	24.800	»	»	»	»
312.100	347.429	429.550	498.531	475.015	497.708
»	»	29.600	59.220	65.520	56.290
»	»	918.720	1.056.830	1.375.000	1.404.000
750.000	128.730	33.830	261.000	750.260	1.030.000
3.847.760	430.730	1.431.865	2.195.875	4.545.740	5.467.338
»	»	»	»	»	62.261
685.486	721.639	786.745	873.713	1.522.874	1.354.012
282.258	135.218	174.200	194.228	200.304	224.326
43.645	62.921	70.378	81.335	387.450	1.036.179
4.859.149	1.350.508	2.463.488	3.345.351	6.656.365	7.844.116

RÉSUMÉ DE LA PRODUCTION EN FRANCE DES MÉTAUX AUTRES QUE LE FER.

DÉSIGNATION des MÉTAUX.	NOMBRE des CONCESSIONS MINES OU GITES	NATURE des PRODUITS.	VALEUR TOTALE CRÉÉE SUR LE SOL FRANÇAIS.						
			En 1846.	En 1847.	En 1848.	En 1849.	En 1850.	En 1851.	En 1852.
			fr.	fr.	fr.	fr.	fr.	fr.	fr.
Cuivre	89	Cuivre affiné, soufre et sulfate double de cuivre et de fer.	30,540	12,700	16,264	19,624	39,230	65,214	121,991
Plomb, alquifoux.	62	Alquifoux	1,440	1,260	7,036	31,885	41,655	97,985	135,805
Plomb et argent.	96	Argent. Plomb. Litharge. Minerai vendu	850,206	818,940	776,023	762,175	849,217	829,094	968,532
Plomb, argent et cuivre.	116	»	»	»	»	»	»	»	»
Argent	6	»	»	»	»	»	»	»	»
Étain.	6	»	5,000	»	9,610	8,610	32,700	12,225	4,185
Antimoine.	44	Sulfure d'antimoine fondu. Antimoine. Crocus.	12,783	»	5,858	18,317	5,644	16,274	3,472
Or	17	»	»	»	»	»	»	»	»
Mercure	5	»	»	»	»	»	»	»	»
Zinc	16	»	»	»	»	»	»	»	»
Chrome.	2	»	»	»	»	»	»	»	»
Manganèse	36	Manganèse	136,720	160,286	60,272	47,387	90,066	90,652	164,743
Cobalt	7	»	»	»	»	»	»	»	»
Nickel.	2	»	»	»	»	»	»	»	»
Bismuth	2	»	»	»	»	»	»	»	»
Arsenic	10	»	1,000	»	»	»	»	»	»
Graphite	1	»	»	»	»	»	»	»	»
TOTAUX	514	»	1 037,689	1 023,186	875,063	917,998	1,078,512	144,441	1,398,728

BALANCE DU COMMERCE ET DE LA CONSOMMATION, EN FRANCE, DES MÉTAUX, (AUTRES QUE LE FER).

DÉSIGNATION DES MÉTAUX.	PRODUCTION INDIGÈNE.	BALANCE DE L'IMPORTATION ET DE L'EXPORTATION. Importation.	Exportation.	Différence.	CONSOMMATION INTÉRIEURE.
	quint. kil.	quint. kil	quint. kil	quint. kil.	quint. kil.
Métaux précieux.					
Or (lingots, monnaies, minerais)	»	27 00	50 00	23 00	»
Platine (métal et minerai)	»	32 14	»	32 14	32 14
Argent (lingots, monnaies, minerais)	30 27	4 879 00	2.704 00	2.445 00	2.475 27
Métaux rares.					
Mercure (métal, sulfure)	»	960 26	27 09	933 15	933 15
Nickel (speiss, alliages)	»	23 91	1 66	22 25	22 25
Cobalt (minerai, safre, azur)	»	109 94	1 46	108 48	108 48
Métaux communs.					
Cuivre (lingots)	6.420 00	75.471 00	685 00	74.786 00	81.206 00
Étain (lingots)	»	18.145 00	407 90	17.738 00	17.738 00
Bismuth (lingots)	»	32 00	»	32 00	32 00
Antimoine (métal, sulfure)	280 00	4 594 00	114 00	4 480 00	4.760 00
Plomb (métal, alquifoux, litharge)	6.307 00	217.263 00	333 00	216.930 00	223.237 00
Zinc (lingots)	»	147.615 00	193 00	147.422 00	147.422 00
Oxydes métalliques.					
Manganèse (oxyde)	23.944 00	24.114 00	851 00	23.263 00	47.207 00
Chrome (chromite de fer, chromates de potasse et de plomb)	»	1.016 00	82 00	934 00	934 00
Substances d'aspect métallique.					
Arsenic (en nature, realgar, orpiment)	»	350 00	9 00	341 00	341 00
Graphite	»	2.275 00	20 00	2.255 00	2.225 00

OBSERVATIONS. — Sauf le manganèse, qui est évalué à l'état d'oxyde, tous les métaux désignés dans ce tableau sont évalués à l'état de pureté, déduction faite des substances avec lesquelles le métal est combiné. On a admis que les diverses combinaisons contenaient, en moyenne, les quantités suivantes de métal : alliages et monnaies d'or et d'argent, 0,90 ; minerai de platine et métal, 0,80 ; mercure sulfuré, 0,85 ; speiss de nickel, 0,50 ; alliages de nickel, 0,20 ; azur, 0,10 ; minerai de cobalt, 0,15 ; safre, 0,30 ; alquifoux, 0,80 ; litharge, 0,90 ; minerai d'antimoine, 0,60 ; antimoine sulfuré, 0,70 ; chromite de fer, 0,26 ; chromate de potasse, 0,20 ; chromate de plomb, 0,17 ; realgar, 0,70 ; orpiment, 0,60.

Pourtant l'exploitation des mines métalliques est loin d'avoir acquis en France une importance comparable à l'exploitation des combustibles minéraux et du fer. Il est même à remarquer que depuis un demi-siècle les mines métalliques n'ont fait que déchoir, tandis que la production des mines de fer et de houille s'est accrue dans une proportion très-considérable.

Cette direction, en quelque sorte exclusive, imprimée à l'industrie minérale, ne paraît pas être motivée par les conditions physiques du territoire. La France, en effet, présente, sur de grandes étendues et dans toutes ses principales subdivisions, une constitution géologique identique avec celles des contrées les plus richement dotées en mines métalliques. En outre, l'histoire et la tradition ont conservé le souvenir d'exploitations importantes qui, avant et pendant la domination romaine, produisaient déjà de grandes quantités de métaux. L'existence de ces anciennes exploitations est d'ailleurs attestée d'une manière irrécusable par des travaux souterrains dont le sol a conservé l'empreinte, et dont l'étendue immense a souvent excité l'étonnement des explorateurs qui les ont retrouvés dans des contrées où le souvenir même de l'industrie minérale était complétement éteint. Enfin, à des époques plus récentes, des exploitations plus ou moins prospères, des recherches plus ou moins fructueuses, ont fait connaître un nombre considérable de gîtes métallifères qui restent sans valeur, bien qu'on y remarque toutes les chances favorables que comportent ces sortes d'entreprises.

Il y aurait certainement erreur à prendre l'état actuel de l'industrie minérale en France pour mesure de la richesse du territoire ; il serait également inexact d'attribuer à l'épuisement du sol l'abandon de tant de mines qui, pendant nombre de siècles, ont entretenu l'activité de l'homme dans des montagnes privées maintenant de toute industrie. On peut, au contraire, par plusieurs motifs qui vont être successivement énoncés, conclure, du présent et du passé des mines métalliques de France, l'espoir d'un meilleur avenir.

En France, le gouvernement n'a pas suivi, pour l'exploitation des mines métalliques, l'exemple donné par les grands États du continent : on y manque, d'ailleurs, généralement, des moyens d'action dont disposent les exploitants des mines de la Grande-Bretagne. Les concessions faites par le souverain, depuis le moyen âge jusqu'au commencement de ce siècle, ont trop souvent été instituées dans l'ignorance des vrais principes de la législation des mines; elles étaient ordinairement beaucoup trop étendues, et on a poussé cet abus au point de concéder à une seule personne toutes les mines du royaume. Souvent les droits du concessionnaire étaient mal définis; parfois même des concessions sans limites déterminées étaient instituées successivement dans le même territoire en faveur de plusieurs personnes, d'où résultaient, entre les parties intéressées, des luttes qui ne se terminaient que par l'épuisement de leurs moyens d'action. Les personnes pourvues de concessions régulières du souverain se trouvaient parfois entravées dans leurs efforts par des oppositions élevées dans les localités, et trop souvent appuyées par les parlements.

Le plus grand obstacle à l'essor de l'industrie minérale se trouvait ordinairement dans l'avidité et la mauvaise foi des possesseurs des mines, qui recherchaient les concessions, non pour mettre eux-mêmes en valeur la richesse minérale, mais pour vendre ou louer le droit d'exploiter à des personnes ignorant les difficultés inhérentes à ce genre d'entreprises et auxquelles on exagérait, d'ailleurs, les avantages qu'on en peut attendre. La comparaison à établir, en ce qui concerne le mode de concession des mines métalliques, entre les principales puissances de l'Europe, suffirait seule à expliquer pourquoi cette source de richesses est restée stérile pour la France dans le temps où elle prenait partout ailleurs un si grand essor.

Au milieu des chances si variées qu'entraîne l'irrégularité des filons métallifères, il est fort rare qu'une exploitation de mines donne tout d'abord des bénéfices; presque toujours, au contraire, il faut une longue suite d'efforts et des avances de fonds très-considérables pour parvenir à la période où l'entreprise devient réellement productive. Tel sera vraisemblablement le cas pour la plupart des mines signalées sur la carte des gîtes métallifères de la France, et qui ne sont connues, en général, que pour avoir été exploitées à une époque ancienne dans les régions les plus accessibles. Or, la plupart des entreprises dont les mines métalliques ont été l'objet depuis deux siècles ont manqué des capitaux indispensables pour les mener à bonne fin; elles devaient donc échouer, lors même que les gîtes eussent présenté toutes les conditions de succès, et le découragement a succédé à une confiance exagérée.

Mais en résumant ce qui constitue notre richesse minérale on trouve que la France possède :

Plus de 300 filons de galène ou de plomb plus ou moins argentifères;

Plus de 200 filons de cuivre de toute espèce, cuivre seul ou mêlé à d'autres métaux plus ou moins argentifères.

On citerait à peine 33 filons de galène qui aient été l'objet de quelques recherches, faites encore sans persévérance; en tout cas, sept seulement sont en activité aujourd'hui.

Quant au cuivre, deux ou trois mines sont en exploitation.

On trouverait difficilement en Angleterre un exemple d'une pareille insouciance.

En effet, comparons l'industrie des mines dans ces deux pays, comme l'a fait M. Landrin dans un travail intéressant sur les industries françaises et anglaises, qu'a publié *la Presse*, en citant un grand nombre de faits que nous lui empruntons ici.

On connaît dans la Grande-Bretagne 284 mines de plomb, et Muchisson cite 134 exploitations de cuivre, dont la plupart en grande prospérité.

Ainsi, notre sol est plus riche en mines de cuivre et de plomb ; mais notre industrie minéralurgique est presque nulle.

Notre infériorité est dans le travail d'exploitation ; il n'y a pas à le nier.

A quoi faut-il l'attribuer ?

Ce n'est point au manque de mine, nous venons de le voir.

Est-ce au peu de richesse des matières métalliques des filons?

Nous possédions, au commencement du premier Empire, le plus riche filon métallique qui existe au monde, celui de la Croix-aux-Mines, qui n'a de rival, dans les annales de la géognosie, que celui de la Veta-Madre du Mexique. Il avait été reconnu sur une longueur de 13,000 mètres et sur une puissance de 50 à 80 mètres

La galène argentifère, le plomb phosphaté et carbonaté, l'argent natif, l'argent antimonial, l'argent rouge, etc., s'y trouvaient associés au cuivre gris, dans lequel on trouvait jusqu'à 2 pour 100 d'argent. Dès 1581, il donnait 750,000 fr. de bénéfice annuel.

Un acte arbitraire arrêta la prospérité de la Compagnie qui l'exploitait; une faillite de banquier en commença la ruine, l'inondation l'acheva. Il faudrait aujourd'hui plus d'un million pour remettre les travaux dans l'état où on les a quittés.

Un procès entre associés arrête, depuis cinq ans, le développement d'une exploitation d'argent, de cobalt et de nickel dans les Alpes françaises. Les mines, qui n'ont point dégénéré, ont produit, dès la première année de leur mise en activité, 6,000 marcs d'argent valant 330,000 francs; chaque tonne de minerai extrait aux Chalanches, représente aujourd'hui une valeur de 1,040 francs.

Le manque d'argent arrête aussi l'exploitation de la riche mine du Grand-Clos (Hautes-Alpes), où le minerai est abondant et très-facile à produire.

Si l'extraction est totalement arrêtée en ce moment sur tous ces points, ce n'est pas, comme on le voit, faute de richesse.

Forcé de parcourir rapidement la voie qui nous est tracée, nous ne pouvons mettre ici sous les yeux de nos lecteurs les détails statistiques des mines abandonnées, quelquefois faute de bonne direction, presque toujours faute de capitaux et de persévérance; nous ne citerons donc point, quoique venant à l'appui de notre assertion, les mines d'Huès-en-Oisans, dont le plomb carbonaté et le cuivre gris renferment 0,002 d'argent; celles de Planche-les-Mines, aussi riches en métal précieux, donnant 55 0/0 de cuivre, rendant 50 0/0 de plomb et 0,005 d'argent; la mine de Batz, qui donnait 48 0/0 de plomb, lequel tenait 0,036 d'argent, etc. etc.

L'insouciance pour les mines est telle en France, qu'on n'a pas encore retrouvé la situation des filons de cuivre concédés par Charles VII aux quatre fils de Jacques Cœur, et dont l'exploitation est passée à l'état de tradition perdue.

C'est en vain que les filons ouverts et béants offrent leurs riches matières aux voyageurs et aux touristes; vainement le Lardet, dans les Basses-Pyrénées, détache de son sommet des blocs de minerai qui viennent rouler dans la vallée; l'éclat métallique des minerais ne suffit point pour attirer les regards des heureux de l'époque.

Ce n'est donc point au peu de valeur des filons métalliques qu'il faut attribuer l'apathie des capitalistes français et le délaissement des mines en France.

Est-ce à l'épuisement opéré par les exploitations anciennes?

Il est vrai que les mines de cuivre de Chessy paraissent dans ce cas; la masse minérale reconnue autrefois a été exploitée, mais on a reconnu dernièrement de nouvelles valeurs métalliques à côté de celle qui était épuisée. On sait que la concession de Saint-Julien-Molin-Malette a vu, en 1807, ses filons diminuer d'importance et s'éteindre entièrement vingt ans après. On ne connaît pas bien la cause de l'abandon des filons de galène de la Place, exploités très-anciennement et repris de 1734 à 1742; Astoë-Scoria de Baygorry, travaillé par les Romains et qui, en 1745, rapportait encore 87,000 livres par an, a dû perdre, sans doute, bien de sa valeur.

Mais peut-on en dire autant des mines de cuivre de Larcchette à la montagne de Brousses, découvertes en 1820; du gîte de Saulges, découvert en 1838 et abandonné depuis; de Saint-Amand-Roche-Savine, dont la concession ne remonte qu'à 1831 et n'a jamais été sérieusement exploitée; de Villeneuve-les-Chanoines, concessionnée en 1834 et dont l'exploitation n'est pas encore commencée; des Urciers, gîte considérable, sur lequel des recherches ont été faites pour la première fois en 1838 et 1839, et dont la concession ne date que de 1858; des recherches pratiquées sur le filon de Sermouls en 1842; de Baron, découvert en 1844; de Seix (Ariége), concédée en 1859; de Sylvanes, Camares et Gissac en Saint-Affrique, recherchés récemment et concédés en 1855, etc.? Ces derniers nous ont donné, dès la surface, 12 0/0 de cuivre et 250 grammes d'argent par mètre cube de filon en place.

Tous ces gîtes, découverts à des époques récentes, n'ont pas été abandonnés pour cause d'épuisement, puisque leur exploitation n'a pas été commencée.

D'autres, ayant eu un commencement favorable, ont été arrêtés par les événements politiques. Telles sont les mines de Baygorry et de Saint-Sauveur, en 1789; de la Grave, en 1792; de

Curban et Feugerolles, en 1793; de Lanet, en 1796; de Saint-Avold, Folk, Hofgarten-aux-Mines, en 1797, etc. Les mines de Rouergue ont été ruinées par les guerres de religion.

Quelques-unes ont été l'objet de recherches insuffisantes : Puybarès, Lastours, Ribevanès, Tournel, etc.; d'autres ont été l'objet d'un travail mal dirigé : Pipet, en 1625; Château-Lambert, en 1758; Giromagny, en 1791; plusieurs se sont arrêtées faute de capitaux : Soulzmatt, en 1750; la Goutte-Henry, en 1782; Lamanère, en 1842; Mayres, dans l'Ardèche, etc.

Un incendie a dévoré les usines de Saint-Pé, en 1750; des inondations ont détruit les exploitations de Vieille-Voulte en 1840, de Vienne en 1841, etc.

De tout cela il résulte que si la plupart des mines françaises ont été arrêtées dans leur essor, ce n'est pas parce qu'elles étaient épuisées; que presque toutes pourraient être reprises avec avantage, si l'on ne reculait pas devant les frais, quelquefois assez considérables, qui sont devenus nécessaires pour en opérer le desséchement.

Mais, outre les mines qui sont inondées par le seul fait de leur abandon, et qu'on pourrait soumettre à une nouvelle et profitable exploitation, il en est un très-grand nombre qui sont vierges, sur lesquelles on pourrait tenter des recherches peu coûteuses afin de s'éclairer, avant de se lancer dans un travail régulier d'extraction; il en est quelques-unes qui montrent leur sein à nu, et ne laissent pas de doute sur le succès de leur exploitation.

Presque toujours on est effrayé par l'énormité du capital demandé par ce que l'on appelle les gens de l'art pour entamer l'opération et la mener à bonne fin.

Est-ce donc que l'exploitation des mines exige des dépenses si fortes qu'il faille y consacrer des sommes aussi considérables que celles qui figurent dans les projets présentés aux capitalistes?

Ouvrons au hasard les livres d'une opération de mines en Angleterre; l'entreprise est située près de Redruth, dans le Cornwall; elle est dans les mains d'une Compagnie qui s'est formée en 256 actions, lesquelles n'ont versé jamais que 5 livres sterl. (125 fr.) chacune; ce qui constitue un capital de 1,280 livres sterl., soit 32,000 francs.

En France, cette somme suffirait à peine à déblayer les abords de la mine, et, certes, aucun ingénieur n'oserait, avec un pareil budget, entreprendre un commencement d'exploitation en règle. Ce qu'il y a de certain, c'est que l'administration française n'accorderait pas la concession à une Compagnie qui se présenterait avec d'aussi faibles ressources.

Voyons maintenant ce qui advient de l'entreprise anglaise.

A la fin de l'année 1855, cette exploitation avait distribué à ses actionnaires 4,072,000 fr.; ce qui équivaut à 15,906 fr. par action (n'oublions pas qu'elles n'ont coûté que 125 fr. chacune).

Aussi chaque action valait-elle 30,000 fr. couramment à la Bourse.

Une mine de cuivre du Devonshire, située près de Tavistok, si célèbre par ses belles exploitations, est entre les mains d'une Compagnie qui a créé 1,024 actions.

Chaque action a versé 25 fr., ce qui porte le capital réalisé à 25,600 fr. Elle touche 175 fr. de dividende par année, ce qui forme un bénéfice net de 179,200 fr. encaissés par tous les actionnaires.

A l'heure qu'il est, un capital primitif de 25,600 fr. a produit 17,157,000 fr. de dividendes distribués régulièrement, outre des valeurs foncières et commerciales de 2,850,000 fr., et une réserve de 72,490 tonnes de minerai qui restent là à attendre le moment de figurer dans les produits futurs.

Le même système d'administration a conduit à des résultats plus étonnants encore.

Une riche mine de cuivre en Cornwall, exploitée actuellement depuis neuf ans, n'a rien coûté à ses actionnaires et n'a cessé de donner des dividendes à des actions qui n'ont jamais été payées ! Expliquons-nous :

La Compagnie de North-Basset s'est constituée sur un capital fictif de 6,000 actions, sur lesquelles il n'a pas été avancé un *farthing*.

Dès le début, le minerai extrait et vendu a couvert les frais d'ouvriers, et on a marché sur le crédit pour le matériel.

Pendant cinq ans, le dividende semestriel par action fut fixé à 5 shillings (6 fr. 25 c.), soit 75,000 fr. par an.

A la cinquième année, on avait vendu 15,693 tonnes de cuivre, réalisant 2,481,862 fr. 20 c.; des usines importantes avaient été créées; les mines étaient dans le meilleur état; le dividende était doublé, et les actionnaires, qui n'avaient jamais eu à débourser un centime, s'étaient partagé une somme de 560,500 fr., tandis que la valeur du minerai laissé en réserve dans les galeries était estimée à 2,520,000 fr.

Nous pourrions citer de nombreux exemples de ces opérations conduites avec économie, sagesse et persévérance chez nos voisins, et arrivées à une prospérité inouïe : Great-Work, dans lequel on a dépensé 10,000 fr. à peine, qui est estimé aujourd'hui 400,000 fr., après avoir donné 4,176,000 fr. de dividende en neuf années; West-Caradon, dont le capital de 128,000 fr. a produit à ses actionnaires, dans le même laps de temps, 1,716,800 fr., et vaut encore 1,088,000 fr.; South-Caradon, qui, créé avec 16,000 fr. de dépense, a donné 2,214,350 fr. de dividende et vaut aujourd'hui 2,175,000 fr.; Basset, au capital de 65,000 fr., remboursé soixante-deux fois en neuf ans, coté à la Bourse 3,580,000 fr.; Cara-Bréa, qui a quintuplé de valeur, tout en donnant 5,737,500 fr de bénéfices; Devon-Great-Consols, payé 25,600 fr. au début, estimé aujourd'hui 9,344,000 fr, et ayant fourni en dividende 10,828,800 fr., etc., etc. Dans le Cornwall et le Devon seulement, quatre-vingt-douze grandes exploitations de cuivre, de plomb et d'étain sont dans cet état de prospérité. Quel motif de courage n'est-ce pas pour nous en France!

Mais comment faire mieux et remédier aux causes de l'infériorité de notre industrie métallurgique? C'est ce que nous allons expliquer dans les pages suivantes.

Par insouciance ou par inutilité d'une fortune plus grande, peut-être aussi par crainte de dangers ou de mécomptes nouveaux auxquels on n'est pas accoutumé à s'exposer, nous ne nous décidons pas à exploiter nos mines; tandis que les Anglais et les autres peuples essentiellement commerçants, voyageurs et aventureux, accoutumés à aller chercher fortune sur tous les points les plus éloignés du globe, ne laissent rien perdre de ce qu'ils découvrent et peuvent utiliser chez eux.

Aussi nous achetons tous les ans pour plus de 150 millions de francs de métaux à l'étranger, que nous payons avec nos riches produits du sol ; tandis que nous pourrions retirer ces métaux de notre sous-sol, où ils se trouvent enfouis, attendant que notre volonté les utilise. Alors les étrangers ne paieraient plus nos produits naturels du sol avec leurs pierres ou leurs métaux bruts, mais avec de beaux écus, qui resteraient chez nous, pour aider les cultivateurs et les mineurs à développer tous les ans davantage leur industrie. Alors l'agriculture ne manquerait plus d'argent pour augmenter sa richesse et le bien-être du peuple français. Car tous les jours l'état de la France s'améliorerait naturellement, si elle voulait utiliser les substances précieuses restées si longtemps ignorées ou sans emploi.

Malheureusement nous n'avons aucune confiance en ce qui est inventé chez nous ; nous trouvons beau et mieux tout ce qui vient d'ailleurs : nous avons cru presque tout impossible en France, et nous n'avons rien osé tenter d'important. Tous les essais qu'on a faits ont été trop incomplets et suivis avec trop peu de persévérance. Accoutumés à la rapidité de nos conceptions intellectuelles et d'un esprit si léger et si prompt en création de l'imagination, nous raisonnons moins : nous croyons qu'il devrait en être de même du travail industriel des mines, et que la production devrait être aussi rapide. Mais lorsque les premières années de ce travail nous ont coûté de grandes dépenses sans produits en bénéfices, nous sommes découragés, nous nous arrêtons dans nos travaux, au lieu de persévérer dans nos efforts et nos sacrifices pour soutenir nos premières mises de fonds par de nouvelles, jusqu'au parfait résultat lucratif. Nous préférons abandonner nos découvertes quelquefois fort importantes et nos dépenses onéreuses, que de tenter plus longtemps les éventualités des richesses de la terre, souvent difficiles à découvrir, quoique parfois si rapidement productives et si largement rémunératrices.

Il est encore un inconvénient que nous ne devons pas manquer de signaler : c'est la rigueur de la science officielle, qui devrait être une protection ou un appui tutélaire de l'État, mais qui devient une entrave au développement industriel et financier des affaires de mines, lorsque quelques ingénieurs, au lieu de servir de conseils utiles aux industriels, sous prétexte de protéger l'industrie, en surveillant l'exécution des lois et règlements, découragent les industriels par les difficultés administratives qu'ils soulèvent. Le gouvernement le sait bien, et il aurait bien plus souvent à le constater, s'il n'avait le soin de prier souvent ses agents de n'avoir pas trop de zèle. Dans les autres pays, et surtout en Angleterre, les ingénieurs de l'Etat protégent moins cette industrie, mais aussi la laissent se développer plus librement et sans entraves.

La loi des mines de 1810 est très-sage, et il y aurait très-peu de choses à y changer si on voulait l'appliquer en tenant compte des circonstances plus ou moins utiles à l'industrie, au lieu de l'appliquer en perdant de vue le but utile que la loi elle-même voulait atteindre. Ainsi, par exemple, il est certain que le décret du 23 novembre 1852, qui s'oppose à la réunion de plusieurs concessions de mines *de même nature* entre les mains du même propriétaire ou de la même Compagnie, a été fait en vue des mines de houille principalement, et a voulu éviter que plusieurs houillères, se trouvant exploitées par la même Compagnie, ne fussent exploitées que sur un point, et ne fournissent au commerce qu'une faible quantité de *ce pain de l'industrie*, ou bien que la même Compagnie propriétaire de toutes les concessions de houille d'un même pays, tout en exploitant sur une grande échelle et fournissant beaucoup de charbon, n'en élevât le prix, et fût moins utile à l'industrie par ce monopole qui empêcherait la concurrence et l'émulation régulatrices de tous les commerces.

Il est donc utile d'appliquer parfois ce décret, et il devient protecteur de l'industrie et du commerce dans certaines circonstances; mais son application est désastreuse pour l'industrie et le commerce lui-même lorsqu'elle atteint les concessions de mines métalliques de plomb, cuivre, étain, zinc, antimoine ou autres, car ces mines produisent en général des quantités minimes de minerais, relativement à ce que peut consommer une fonderie pour son travail ordinaire ; ce qui fait qu'une fonderie se place presque toujours au centre de plusieurs mines *de même nature*, afin de pourvoir à son alimentation. Elle en est sûre si elle peut s'entendre avec les divers producteurs de minerais ; mais si elle ne continue pas à s'entendre avec eux, elle se voit souvent réduite à chômer. Ce chômage est d'autant plus fâcheux que ses bénéfices étant faibles, quoique réguliers, elle ne peut prospérer qu'en faisant continuellement et beaucoup, et si le fondeur gagne moins, il est forcé d'élever le prix des métaux et le commerce y perd.

D'un autre côté, chaque mine métallique a ses éventualités naturelles, ses chances et ses circonstances favorables ou défavorables tour à tour. Elle peut avoir des bénéfices immenses ou des pertes momentanées, et si une Compagnie n'est propriétaire que d'une mine ou d'un filon, il peut arriver tel accident ou tel appauvrissement momentané qui la décourage et la porte à arrêter son travail et sa production ; tandis que, si elle en avait plusieurs de même nature, il arriverait presque toujours que les circonstances les plus avantageuses sur un point l'encourageraient à continuer l'exploitation même sur le point de l'appauvrissement, jusqu'à ce qu'à son tour ce point fournît aussi sa richesse plus abondante.

Puis pour parer à toutes les éventualités des mines métalliques, il est nécessaire que les propriétaires soient très-puissants, et cette puissance ne peut venir que de l'association forte et multiple. Enfin, il n'y a aucun inconvénient, pour le commerce des métaux, à ce qu'une Compagnie ait une ou plusieurs concessions pour suffire à l'alimentation de sa fonderie. Cela n'augmente pas le prix des métaux, au contraire ; cette Compagnie a tout intérêt à produire en abondance, car le prix de fonte, dans ce cas, étant moins élevé, elle peut livrer les métaux à moindre prix, et le commerce en général y gagne.

Aussi en Angleterre, en Allemagne, en Espagne, etc., où l'industrie métallurgique jouit d'une très-grande liberté, les industriels trouvent plus avantageux de ne s'occuper chacun que d'une espèce de métal ou de mines de même nature. Souvent, pour ne pas dire toujours, les mines de même nature d'un district s'associent, se fusionnent toutes pour alimenter la même fonderie. En unissant ainsi intimement leurs intérêts, elles profitent mieux de l'expérience l'une de l'autre, tout se fait alors plus en grand, et le résultat est plus fructueux sur des points analogues. C'est ainsi qu'elles arrivent à pouvoir livrer les métaux à des prix inférieurs sur les marchés étrangers.

En France, au contraire, on permet à la même Compagnie d'exploiter dix espèces de mines différentes et de diviser ses forces pour faire moins bien, peut-être même périr au milieu de péripéties variées, au lieu de lui permettre l'association de plusieurs mines de même nature, et l'union de toutes ses forces pour arriver plus sûrement au succès.

Nous espérons donc être écouté en priant le gouvernement, si sage et toujours si intelligent à protéger les véritables intérêts de chaque industrie, de vouloir bien rapporter le décret du 23 novembre 1852, au moins en ce qui s'applique aux mines métalliques. Car l'expérience a démontré qu'il entrave au lieu de servir les intérêts de l'industrie métallurgique et du commerce en général.

L'administration des Mines nous donne encore raison en publiant dans une de ses notices que les mines métalliques, même les plus riches, offrent dans leur allure de brusques et de fréquentes variations, qui font succéder à chaque instant une pénurie complète à une extrême abondance, *et vice versâ*. Ce fait fondamental, qui distingue l'industrie minérale de toutes les autres branches de l'activité humaine, entraîne pour l'organisation de ces sortes d'entreprises certaines conditions sans lesquelles elles ne peuvent prospérer.

Les travaux doivent être conduits à la fois sur un grand nombre de gîtes, afin que la multiplicité des chances de réussite supplée à l'intermittence de chaque gîte, et contribue autant que possible à l'uniformité de la production. De puissants capitaux tenus sans cesse en réserve doivent, au besoin, combler le déficit causé à des époques malheureuses, par l'appauvrissement temporaire des gîtes, par la concurrence subite de nouveaux centres de production ou par toute autre cause commerciale; par les guerres prolongées, par les révolutions politiques, par les grandes calamités publiques, etc. Enfin, une sage prévoyance doit ménager, dans l'intérêt de l'avenir, les ressources et les chances heureuses qui, par compensation, s'accumulent souvent à certaines époques de prospérité.

On conçoit que ces conditions aient parfois été remplies dans l'organisation politique qui a présidé aux premiers développements de la civilisation en Europe ; qu'elles se soient plus souvent reproduites à la faveur de la paix et sous la protection des sages institutions établies par les Romains dans les provinces conquises.

On comprend aussi qu'au moyen âge elles se soient remontrées exceptionnellement sous l'influence du pouvoir féodal ou des communautés religieuses. — Mais plus tard, constamment menacées par les guerres et les révolutions qui ont agité l'Europe, l'exploitation des mines n'a pu prospérer que par l'intervention directe et sous la protection immédiate des pouvoirs souverains. — C'est dans ces conditions que, depuis le xe siècle, l'industrie minérale s'est successivement établie sur de si solides bases dans les grandes chaînes métallifères du Hanovre, de la Saxe, de la Hongrie, de la Suède, et plus récemment dans celles de l'Oural et de l'Altaï. Dans la Grande-Bretagne, à la vérité, l'exploitation des mines a été peu redevable à l'intervention directe du gouvernement ; mais, par compensation, elle a eu peu à souffrir des guerres qui ont désolé le continent européen.

L'abondance et le bas prix des combustibles minéraux a permis d'ailleurs, depuis la découverte de la machine à vapeur, d'établir sur chaque point du territoire de la Grande-Bretagne des moteurs, et, par suite, des moyens d'épuisement d'une puissance pour ainsi dire indéfinie. Les mines de ce pays disposent donc, depuis un siècle, de moyens d'action interdits à la plupart des districts métallifères du continent européen, et notamment aux mines des Pyrénées, des Cévennes, des Alpes, des Vosges, etc. — Enfin les habitudes d'association, secondées par d'immenses capitaux, s'étant établies depuis cette même époque dans des proportions inconnues ailleurs, ont pu suppléer jusqu'à un certain point à l'influence gouvernementale.

La France jouit encore d'un avantage précieux sur les autres pays, c'est que, grâce à ses lois sages et protectrices, on n'a pas à craindre les graves inconvénients d'élévation immense des salaires, ni à redouter les révoltes d'ouvriers qui ont si souvent perdu les mines *en Amérique*, en Californie surtout, ou même en Espagne, et compromis les capitaux qu'on y avait engagés. Chez nous, la population ouvrière a beaucoup plus de respect de la propriété et des droits de chacun, comme des devoirs du travailleur envers celui qui l'emploie et le paie.

Nous n'avons donc qu'à nous mettre à l'œuvre et le succès est certain, car nos gisements sont riches, le gouvernement veut en encourager l'exploitation, et le moment est opportun de développer l'industrie minière et métallurgique en France, ainsi que nous allons le prouver.

§ II. *De l'opportunité de développer immédiatement l'industrie minérale en France, et de la possibilité de l'élever promptement au niveau de celle des autres peuples.*

On a compris aujourd'hui en France que l'agriculture ne suffit pas au bonheur d'un peuple en progrès. La science, l'industrie et le commerce lui sont nécessaires pour continuer le progrès ou le maintenir constant.

L'agriculture, cette mère féconde, a beau être aussi parfaite que possible, comme en Angleterre, par exemple, où le travail supplée à l'insuffisance de la terre et du climat, l'agriculture a encore ses limites fixées par l'étendue de la surface du sol. Si la population prend une extension que la terre cultivable ne puisse pas atteindre, elle se voit bientôt forcée d'émigrer pour aller chercher dans des pays nouveaux la nourriture que lui refuse sa patrie.

Alors la science vient au secours de cette population, l'éclaire en lui apprenant à mieux comprendre et mieux appliquer les lois de la nature, la dirige en lui apprenant à profiter des ressources naturelles, et la rend industrieuse pour en tirer parti.

L'industrie empêche la misère en donnant du travail à un plus grand nombre de bras que l'agriculture elle-même, elle en devient la fille laborieuse, créée par la science pour alimenter le commerce ou les relations avec le monde entier.

L'industrie est la première richesse d'un pays; elle donne plus d'essor au travail, ce grand élément de l'opulence nationale; elle fixe et réalise les élucubrations du cerveau, ce foyer des idées et des sciences; elle ajoute à l'abondance du sol la richesse des tréfonds qui resterait ignorée sans elle; et elle arrache la population surabondante à la misère et à la faim, en doublant la valeur des produits de l'agriculture, qui, livrée à ses propres forces, était obligée de laisser aller ses enfants chercher la vie ailleurs et commercer au loin, ou courir après la fortune qui ne venait pas à eux.

Le commerce est la lutte des forces de l'intelligence, du travail et du capital pour atteindre un but meilleur et plus avantageux. C'est l'émulation et la concurrence qui conduisent au bien-être en excitant les fabricants à livrer à meilleur marché des produits perfectionnés plus utiles et plus accessibles au grand nombre des consommateurs. Cette lutte enrichit tous les combattants, bien différente de la guerre, qui les appauvrit toujours.

Ce qui fait dire que l'agriculture appartient à la localité, l'industrie au pays, et le commerce au monde entier.

Le gouvernement, après avoir fait beaucoup pour l'agriculture, a fait et veut faire plus encore pour le commerce et l'industrie. Il a compris l'utilité et la possibilité d'enrichir notre belle patrie, en doublant sa fortune territoriale par l'exploitation du sous-sol, où sont enfouies des richesses peut-être plus grandes que la valeur de la surface.

Dans l'état actuel de notre civilisation et de nos relations suivies avec toutes les nations voisines, on a compris que la France ne devait rester au-dessous d'elles pour aucune industrie; et celle des mines est trop importante pour qu'on puisse la négliger plus longtemps. Mais la connaissance de ce qui se passe dans les autres pays nous apprend que l'exploitation des mines métalliques et le traitement métallurgique des minerais ne peuvent être conduits avec succès que si les directeurs de ces sortes d'entreprises groupent autour d'eux un grand nombre d'hommes de connaissances et d'aptitudes très-diverses, et formés par une longue expérience à la pratique du métier.

L'utile influence des gouvernements dans l'exploitation des mines du Hanovre, de la Saxe, de la Styrie, de la Hongrie, de la Suède, etc., s'est en grande partie révélée par l'établissement d'*écoles pratiques* qui ont devancé de beaucoup toutes les autres institutions consacrées aux sciences technologiques et qui ont toujours entretenu, pour ces contrées classiques de l'art des mines, des pépinières d'ingénieurs et de praticiens distingués.

Jusqu'à ces derniers temps, la science de l'exploitation des mines et de la métallurgie a été complétement ignorée en France; ce n'est que depuis la fin du dernier siècle et surtout l'institution du corps des Mines, qu'elle a commencé à être l'objet d'un enseignement public. Jusqu'alors les personnes qui tentaient d'exploiter les mines devaient nécessairement recourir à l'intervention d'étrangers appelés à grands frais des contrées où fleurit cette industrie. Aujourd'hui même encore, une entreprise nouvelle doit presque toujours demander aux mines étrangères des contre-maîtres et des ouvriers exercés. Dans de telles circonstances, la réunion d'un bon personnel a toujours entraîné de nombreux mécomptes et aggravé singulièrement les difficultés du premier établissement. Mais aujourd'hui cela peut être corrigé par l'intervention du gouvernement qui, en créant des exploitations écoles pratiques, peut facilement en quelques années obvier à tous ces inconvénients.

Une seule fois, le gouvernement français est entré dans la voie que suivent depuis des siècles les autres États de l'Europe continentale. Un arrêté des consuls, du 23 pluviôse an X, ayant institué en Savoie (département du Mont-Blanc) une *École pratique des mines*, le directeur de cet établissement reçut mission de reprendre au compte du gouvernement français l'exploitation des mines d'argent et de plomb de cette contrée, abandonnées alors comme le sont aujourd'hui la plupart des mines de France. Cette entreprise atteignit en peu d'années un haut degré de prospérité. Depuis 1815, le gouvernement sarde, en suivant les traditions de l'école française, n'a cessé de retirer de ces mêmes mines des bénéfices considérables. De pareils établissements n'ayant pas été créés dans les autres parties de la France, les fruits de la grande expérience tentée sous le Consulat et l'Empire ont été perdus pour l'administration française. Mais cette heureuse exception au régime habituel des mines métalliques du pays n'en porte pas moins un utile enseignement, et sera une raison pour amener le gouvernement de l'empereur Napoléon III à instituer plus complétement et plus utilement d'autres établissements analogues. — Nous ne cesserons de le demander à sa sollicitude jusqu'à ce que nous ayons été entendu ; car toutes nos études pratiques nous portent à croire que là seulement est le moyen prompt et efficace pour exciter en France le développement de l'industrie minérale.

On nous dira qu'au nombre des principaux obstacles qui se sont opposés en France à l'essor de cette industrie, il faut compter la situation même des gîtes métallifères. Ceux-ci se trouvent généralement dans des contrées stériles, où les populations, très-disséminées, sont dépourvues de capitaux et étrangères à tout esprit de spéculation.

Des tentatives faites de loin en loin par des personnes qui manquaient des ressources nécessaires pour les mener à bonne fin, ont d'ailleurs constamment jeté le discrédit sur ces sortes d'entreprises. En sorte qu'il est vrai de dire que les indices de la richesse minérale de la France ne se présentent ordinairement qu'à ceux qui n'ont ni les moyens ni la volonté d'en tirer parti. Rien ne s'efface d'ailleurs plus vite que la tradition exacte des travaux de mines dans une contrée où cette industrie s'est éteinte, et les personnes qui veulent s'adonner à l'exploitation des mines se trouvent trop souvent dans le cas de négliger des gîtes où les anciens ont laissé de grandes richesses. Mais si l'on nous objecte ces obstacles, nous répondrons qu'aujourd'hui que les routes ou les chemins de fer existent dans ces pays de montagnes, les transports et les relations entre les habitants sont plus faciles. D'ailleurs les rapports officiels recueillis et conservés par l'administration, avec les plans à l'appui de chaque exploitation, ne permettront plus qu'on ignore, à l'avenir, la marche exacte et l'histoire complète d'une exploitation quelconque.

Toutes ces conditions favorables, meilleures, décideront le gouvernement à faire tout ce qui sera nécessaire.

S. M. l'Empereur Napoléon III veut doter la France de toutes les institutions nouvelles utiles, et sa volonté bienveillante les rendra vivaces et sûres ; car tous les savants qu'il protége et encourage par ce haut intérêt, ont compris que si l'on a justement défini l'œuvre accomplie par la première moitié de ce siècle (de 1800 à 1850), en disant qu'elle avait produit, constitué un fait parfait et complet : *les sciences du* XIXe *siècle*, il n'est pas moins vrai qu'il manquait quelque chose à ces sciences du XIXe siècle, toutes parfaites et complètes qu'elles puissent être * ; il leur manquait *l'infinité d'applications usuelles* au service du genre humain, *l'infinité d'applications à l'industrie*. Je suis sûr qu'on dira avec la même vérité de cette seconde moitié de notre siècle (de 1850 à 1900), et surtout avec le même respect, qu'elle a constitué un fait plus complet et plus parfait : *l'industrie du* XIX e *siècle*. Car de ce XIXe siècle nous en faisons deux que nous caractérisons en appelant le premier, siècle des sciences, et le second, siècle de l'industrie.

Chaque savant s'est mis à l'œuvre, et chacun apporte journellement son grain de sable à l'édifice universel de cette œuvre de l'industrie du XIXe siècle. Tel, dès sa première année de recherches, comme tel autre, au bout de dix à quinze ans, apporte son brevet d'invention, son application d'un fait scientifique, ou d'une loi de la nature établie par la Providence pour l'utilité journalière de l'homme ou son bien-être, et méconnue jusque-là.

Malheureusement, depuis des siècles en France, les capitalistes n'ont pas osé soutenir les inventeurs, les travailleurs intelligents ou les économistes. Ils n'ont rien entrepris ni pour l'industrie minière ni pour l'industrie métallurgique. Leur esprit n'était pas ingénieux, industriel et aventureux comme en Angleterre et aux Etats-Unis ; il était timide et avait besoin d'exemples, d'encouragements et de garanties, pour oser s'occuper de production minérale et lutter avec l'étranger.

N'avons-nous pas vu, il y a quinze ans, les capitaux ne vouloir concourir à la construction des chemins de fer, en France, qu'avec la garantie par l'Etat d'un minimum d'intérêt annuel ? Est-il plus

* Voir les *Rapports des sciences du* XIXe *siècle avec la Genèse*, de M. Antoine Destrem ✻, ingénieur en chef des ponts et chaussées.

étonnant que malgré les conditions favorables dans lesquelles nous nous trouvons en France, les mines soient si peu exploitées, et la métallurgie soit si peu avancée? Car malheureusement beaucoup d'imprudents, mal conseillés ou mal soutenus par de trop faibles ressources pécuniaires, ont fait des écoles bien dures, qui sont devenues des leçons décourageantes pour le plus grand nombre de ceux qui auraient pu y consacrer des capitaux.

Ces malheurs ne fussent pas arrivés, si les moyens eussent été suffisants pour leur permettre de faire toutes les dépenses nécessaires au succès. Aussi on commence à comprendre en France l'avantage des grandes associations d'intelligence et de capitaux, pour arriver à créer les grandes choses et les faire prospérer avec persévérance.

Depuis quelques années on a pris plus de hardiesse, et beaucoup de sociétés industrielles s'étant formées comme en Angleterre, ont fait des fortunes immenses. Mais encore étaient-elles en général trop isolées et trop exclusives ; c'est ce qui a causé, d'après nous, l'insuccès de beaucoup d'autres. Si elles se fussent mieux soutenues entre elles, comme le font les Compagnies d'assurances, qui s'associent pour partager et diviser à l'infini les risques mutuels, aucun malheur ne fût arrivé, on y aurait remédié facilement, et toutes vivraient encore pour distribuer des bénéfices au lieu d'avoir sombré avec les capitaux qu'elles avaient réunis et employés.

Ou bien, si chaque affaire industrielle se fût constituée plus forte et plus puissante, elle eût trouvé dans l'occasion, en réserve, les moyens de parer aux difficultés nouvelles ou imprévues, et elle n'eût pas péri, en cédant à d'autres des dépouilles qu'elles ont utilisées comme les bases les plus essentielles de leur succès prochain, et souvent immédiat.

Mais aujourd'hui il devient opportun de développer notre industrie minérale ; car l'Etat veut bien intervenir, parce qu'il a compris les causes du mal et qu'il peut le détruire promptement. On craint moins les insuccès nouveaux, parce que les capitalistes et les industriels entrevoient les conditions meilleures : les lois nouvelles, les exemples et les encouragements de l'Etat ; puis les difficultés sont moindres : les chemins de fer et les routes, dans les pays de montagnes, tout en facilitant les moyens de transport, les communications et les libres échanges, sont venus aussi découvrir des gisements métalliques utiles, apprendre aux ouvriers à miner et à gagner le double du salaire des terrassiers de la surface et des laboureurs, en devenant capables de servir de bras utiles à l'industrie des mines. Dès lors, quelques riches ont compris ces facilités nouvelles et se sont souvenus de l'importance de ces gisements métallifères que l'on a laissés si longtemps sans les utiliser. Quelques-uns ont osé y mettre de l'argent, à l'exemple des étrangers qui ont su en retirer des fortunes, et ils y ont employé des capitaux qui leur ont rapporté cent pour cent. Enfin les capitalistes français, instruits par la vue des avantages obtenus à l'étranger, seront bientôt décidés à entreprendre l'exploitation métallurgique en France, en employant les milliers d'ouvriers que les travaux des chemins de fer ont formés à ce genre de travail et laisseront libres de tout ouvrage dès que le réseau sera terminé. Avec nos nouveaux moyens d'action, ils rivaliseront promptement avec les autres peuples dans ce genre d'industrie, car ils en ont admis l'opportunité et en voient la possibilité.

Du moment que la France comprend les avantages que les autres peuples ont retirés de l'exploitation de leurs mines, elle peut certes bien les imiter. Elle développera et perfectionnera rapidement cette industrie, comme elle a, depuis 1851 ou 1855, modifié, amélioré, perfectionné tant d'inventions présentées à ses expositions universelles, et comme toujours le vrai progrès s'ensuivra, utile à tous en général.

Jusqu'à présent, c'est en France que sont nées les idées nouvelles, et c'est en Angleterre qu'elles ont été appliquées. Et si c'est de la France que sont sorties la plupart des grandes inventions, c'est l'Angleterre qui les a le plus souvent mises en œuvre ; aussi occupe-t-elle la première place dans le monde pour la production mécanique comme la France l'occupe pour les sciences.

Mais pourquoi la France n'occuperait-elle pas aussi, un jour, le premier rang dans la science appliquée à l'industrie? N'a-t-elle pas les mêmes causes de développement de son travail national? et pourquoi n'y donnerait-elle pas le même essor?

Nos expositions universelles n'ont-elles pas prouvé que les deux nations sont dignes de rivaliser?

Aujourd'hui les capitaux abondent et ne tarderont pas à prendre confiance et à comprendre qu'ils s'usent à ne rien faire, et qu'il vaut mieux pour eux rouler en faisant la boule de neige, quoique parfois quelques-uns s'usent sans fruit. Il en revient toujours une moisson plus ou moins abondante, suivant les circonstances favorables des industries où on les a employés. Et si on les a semés sur plusieurs points à la fois, l'abondante moisson, sur quelques points, dédommagera largement de quelques pertes ailleurs.

Les études scientifiques et industrielles ont été poussées très-rapidement en France; beaucoup de jeunes intelligences les ont embrassées, en comprenant que là était tout l'avenir de la fortune publique, et sont bien préparées à guider sûrement les capitaux employés à des spéculations ou à des travaux très-fructueux. Aujourd'hui chacun est disposé à y contribuer un peu, l'esprit des capitalistes y est préparé, il n'y a plus qu'à les guider en leur inspirant confiance et les soutenant convenablement par quelques garanties. L'initiative du gouvernement sur quelques points suffira pour atteindre promptement ce but.

Nous pouvons profiter de la longue expérience des autres peuples, et la connaissance des meilleurs moyens employés ailleurs, des écoles faites, des fautes commises par d'autres, nous évitera de les commettre nous-mêmes, et nous apprendra à suivre les bons exemples pour éviter les pertes et faire de constants bénéfices.

Nous ne pouvons manquer de réussir si nous savons profiter des nouvelles circonstances favorables où se trouve actuellement la France : voies de communication complètes et faciles; lois protectrices, civiles et administratives; population ouvrière nombreuse, soumise, plus intelligente et plus laborieuse ; main-d'œuvre moins élevée de prix qu'ailleurs et plus facile à obtenir; bonnes machines aussi puissantes qu'économiques ; chefs capables, ayant appris l'expérience et la pratique, le meilleur moyen d'utiliser le travail souterrain ; sociétés de capitalistes intelligents disposés à soutenir ces industries avec assez de crédit et de persévérance pour profiter des heureuses circonstances de toute nature qui doivent donner les plus abondants produits.

Déjà quelques riches gisements métalliques sont connus en France et appréciés à leur juste valeur. On commence à les exploiter économiquement et on en tire un parti avantageux en y appliquant les meilleurs procédés inventés chez nous ou importés de l'étranger. Nous croyons faire une chose convenable et utile en résumant et décrivant, dans les articles suivants, tous les procédés industriels plus ou moins parfaits qui nous paraissent avantageux et capables de faciliter notre exploitation minière et notre industrie métallurgique, en nous aidant à tirer un meilleur parti de nos minerais français. Nous décrirons brièvement ces procédés en y joignant des planches pour en faciliter l'intelligence aux exploitants qui jugeront à propos de les employer. Tous les documents qui existent au ministère des travaux publics, basés sur les observations de nos ingénieurs, viennent à l'appui de nos idées sur l'avenir possible de notre industrie minérale.

Il ne manque donc plus rien à notre belle patrie pour développer ses exploitations minières et ses usines métallurgiques. On peut conclure qu'il est possible de les élever promptement au niveau de celles des autres peuples, en rivalisant avec eux.

§ III. *De l'importance et de l'opportunité des fonderies pour développer l'industrie minérale. — Écoles modèles et exploitations domaniales. — Plan général d'organisation.*

L'importance actuelle de fonderies pour les progrès de l'industrie minérale en France est la première, la plus générale et la rincipale conclusion à laquelle on soit conduit par l'étude de l'industrie minière et métallurgique en France et à l'étranger. L'état actuel, comme le passé et l'avenir de ces industries, démontre à tout homme intelligent que les fonderies ont toujours fait la loi aux mines, et que de la prospérité des premières dépend toujours l'existence des autres. Les mineurs ont toujours été les vassaux des fondeurs, et leur vie, leur bien-être et leurs progrès ont toujours résulté des succès de ces derniers, et ils ont toujours suivi les fluctuations des bons et des mauvais temps les uns des autres. Jamais il n'en a été autrement, il en est encore ainsi, et il en sera toujours de même; car les fonderies sont aux mines ce qu'est le commerce à l'agriculture. Celle-ci, sans le commerce, ne fait que peu de chose ; elle produit, il est vrai, des denrées pour nourrir les populations du pays, mais ne lui donne aucune fortune, aucun bien-être général, aucun moyen de satisfaire ses besoins les plus modestes ; tandis qu'aidée du commerce, l'agriculture voit ses produits doubler de valeur par l'échange, et malgré l'uniformité de ses produits, il lui devient possible de satisfaire aux besoins les plus variés des populations les mieux civilisées et les plus difficiles à contenter.

De même, les mines en France, sans fonderies pour écouler leurs produits, en faciliter les marchés au loin, et en augmenter les valeurs, n'ont pu et ne peuvent prospérer. Elles végètent lentement et se traînent péniblement, entravées par les difficultés les plus sérieuses ; elles usent sans profit leurs capitaux, et perdent leur courage et tous leurs moyens en vains efforts isolés, tandis qu'en Espagne, en Allemagne, en Angleterre et principalement en Cornouaille et au pays de Galles, les mines ont toujours prospéré, parce que les fonderies ont fait d'immenses fortunes. Sur les côtes méridionales d'Espagne, les mineurs ont dû leurs principaux bénéfices à ce que les usines qui se sont établies dans le pays leur ont évité les longs transports si dispendieux, et leur ont payé comptant leurs minerais, dès qu'ils les apportaient à la fonderie. Au point que chaque paysan propriétaire d'une petite concession de mine, d'un hectare, a pu s'enrichir rapidement sans enfouir de capital dans ses travaux, par ce fait seul que la fonderie lui a fait des avances pour faciliter sa production, ou lui a payé comptant le minerai extrait et préparé chaque jour.

C'est par la même série d'idées qu'en Allemagne et dans le Nord, les gouvernements, propriétaires des grandes fonderies, ont trouvé utile d'exploiter aussi les mines à leurs frais ou par leurs soldats et leurs condamnés (lorsque les criminels étaient condamnés aux mines), comme en Russie et ailleurs. pour alimenter les usines. Souvent ils ont subventionné les mines voisines, à la charge par celles-ci de fournir à l'alimentation des fonderies. Car là se sont toujours faits les bénéfices en proportion de l'abondance des produits, comme les pertes en raison des temps de chômage. C'est tout le secret des grandes fortunes faites aux fonderies de Swanzaÿ et autres, et par contre aux mines qui les alimentent.

On peut donc conclure que la fonderie gagne toujours quand elle est bien alimentée, et que sa plus grande assurance de succès, sa principale cause de bénéfice et de prospérité est dans la manière dont elle assure son alimentation.

De là enfin la solidarité entre les mines et les fonderies. Les mines fournissent la matière première, comme l'agriculture fournit la laine et la soie aux filatures et aux manufactures; ainsi les usines de préparation des minerais fournissent aux fonderies et aux fabriques qui tirent partie des métaux, en les livrant au commerce après les avoir manufacturés ou appropriés à tous les usages et besoins variés des peuples civilisés.

De là l'idée heureuse, nouvelle, d'une grande affaire métallurgique pour développer la prospérité de la richesse minérale de la France: dont l'industrie minière est la base, et l'industrie métallurgique le couronnement.

Napoléon Ier l'avait jugé et voulu ainsi : il avait donné l'impulsion puissante de son génie à l'industrie minérale et assuré ses progrès par les moyens suivants :

1° En encourageant les hommes laborieux et zélés qui avaient le courage de s'adonner à ce genre de travaux, de l'art des mines, les plus pénibles que l'homme puisse s'imposer;

2° En aidant les mines et les usines qui en étaient dignes par des subventions de l'Etat. Il avait ordonné qu'il fût créé un fonds spécial pour encourager l'exploration *et la mise en valeur* des gîtes métallifères, au moyen des redevances payées par toutes les mines de l'Empire ;

3° En soutenant les exploitations importantes les plus utiles, par la garantie d'un minimum d'intérêt aux capitaux engagés, ou en assurant leur prospérité par la haute direction et les conseils de l'État ; d'autres fois, par ses exemples, en formant des *exploitations domaniales*, véritables *écoles modèles de Pesey* (Mont-Blanc) et de *Geislautern* (Sarre), où la jeunesse studieuse venait se former à une pratique saine, intelligente et sage, dès qu'elle avait montré des dispositions pour ce genre d'études et d'industries : à l'exemple des écoles pratiques du Hanovre, de la Saxe, de la Prusse, etc., qui ont devancé les institutions technologiques, et qui ont toujours entretenu pour ces contrées classiques de l'art des mines des pépinières de praticiens distingués qui ont fait leur gloire.

L'Empereur avait pensé qu'il était honteux de ne pouvoir former en France le personnel pratique nécessaire à chaque exploitation, et d'en être réduit, dès qu'on voulait entreprendre des travaux de cette nature, à demander à l'étranger un personnel habile, non seulement pour la direction, mais encore pour l'opération manuelle, *les chefs, les contre-maîtres et les manœuvres.* Il avait voulu affranchir notre pays d'un tribut à l'étranger, d'autant plus humiliant que nous payons à l'étranger des métaux que nous possédons chez nous et dont notre sol est richement doté, et qu'enfin, sans orgueil, nous sommes aussi capables d'extraire et de préparer que les autres peuples.

Enfin, l'Empereur avait compris que, pour exciter un genre d'industrie dont les Etats voisins retirent de si grands avantages, il ne fallait pas seulement encourager ceux qui se livrent à la recherche et à l'exploitation des minéraux, mais qu'il fallait encore former des sujets pour conduire les ouvrages avec autant de sûreté que d'économie pratique, et soutenir un peu les capitaux engagés.

Malheureusement les événements de 1815 ont arrêté le cours de ces bienfaits; et voilà pourquoi nous rappelons ces idées comme utiles à l'Etat, et nous prions le gouvernement actuel, si intelligent des vrais intérêts de la France, de vouloir bien encourager, aider et soutenir une Compagnie générale des mines et fonderies, qui peut aujourd'hui développer promptement l'industrie minérale dans le Centre et le Midi, en servant d'exemple utile, sinon de modèle, au reste de la France. Car une Compagnie puissante, en réunissant les intérêts épars qui s'épuisaient en efforts isolés, peut seule mener à bien ces exploitations, adopter ces principes avec leurs conséquences avantageuses. Elle lèvera les difficultés en s'organisant pour fonctionner sur les bases suivantes, qui satisferont, j'espère, les capitaux et le conseil d'Etat, par qui nous espérons voir bientôt approuver les statuts en Société anonyme. Le gouvernement y donnera son assentiment, et voudra bien surveiller et soutenir une institution aussi utile au progrès de l'industrie minérale en France, pour affranchir avant peu notre beau pays d'un tribut de cette nature.

Plan d'organisation et bases de constitution d'une Compagnie générale de mines et fonderies. — Personnel.

Le *capital social* sera de 5 ou de 10 millions de francs, suivant qu'on voudra organiser l'affaire en petit ou en grand, c'est-à-dire suivant qu'on emploiera 2 ou 4 millions d'espèces, ou qu'on obtiendra une subvention plus ou moins forte de l'État, sur les quarante millions prêtés à l'industrie par l'État, en encouragements aux industries utiles qui méritent cette marque d'intérêt et cette protection du gouvernement. Deux tiers du capital seront en apports et un tiers en espèces : ce qui pourra porter facilement son *crédit* à deux fois son capital social.

Ce crédit sera employé à subventionner les mines qui fourniront leurs produits à la fonderie, soit en leur payant leurs minerais au comptant, soit en leur avançant des fonds et leur ouvrant un crédit sur *obligations hypothécaires* remboursables en minerais pour alimenter la fonderie.

Pour assurer les relations entre les fonderies et les mines, les fonderies s'obligeront à payer, aux conditions convenues à l'avance, les minerais ayant les qualités déterminées par les marchés à long terme. Les mines, de leur côté, s'obligeront à ne pas vendre à d'autres leurs minerais, et à travailler sans chômage pour alimenter la fonderie.

Ces corrélations assureront la prospérité mutuelle des deux genres d'entreprises ; car de la continuité des petits bénéfices journaliers sur des quantités prodigieuses de produits fondus et manufacturés résulteront les bénéfices considérables, surtout lorsque, en évitant tout chômage, on rendra impossibles les pertes en faux frais généraux et autres.

La fonderie sera le cœur de l'affaire, la mère prudente et sage, qui donnera des conseils aux mines et se les rattachera par des liens d'association, des rapports de direction pratique, intelligente, afin de leur faire éviter les fautes et d'assurer leur prospérité.

La fonderie, en s'interdisant de jouer jamais à la hausse et la baisse sur les métaux, évitera pour toujours les chances de pertes et de fautes irréparables. Pour assurer ses débouchés, elle vendra le plus souvent ses produits par marchés à long terme à des conditions prévues et débattues à l'avance; et par là elle rendra pour toujours impossible tout encombrement, seule cause de perte compromettante pour les fonderies; tandis que, ainsi organisée, la Compagnie générale restera très-puissante et inébranlable dans la solidité de son crédit ou de sa valeur commerciale et effective.

Le *capital d'apport* en propriétés immobilières et mobilières, en usines, concessions de mines et établissements divers, sera distingué, soit en apports primitifs, entrés dans l'actif de la Compagnie au début, au moment de sa constitution; soit en apports ultérieurs possibles par l'adjonction postérieure de toute propriété, mine, usine ou établissement quelconque que l'on jugera à propos de rattacher à l'affaire générale.

Le *capital en espèces* pour le fonds de roulement sera fait par des actions au début pour les premiers millions et par des obligations pour l'extension à donner à l'entreprise, suivant les progrès et le développement des affaires de la Compagnie. Ces obligations seront remboursables annuellement au sort et avec primes, parce que c'est le genre de valeurs préférées actuellement par les capitalistes français et étrangers.

Le *capital de crédit*, ou le portefeuille de la Compagnie, ne sera limité que par la prudence et la valeur commerciale de la Compagnie. Il sera d'autant plus fort ou plus important que la prospérité des affaires de la Société sera mieux établie, que sa valeur sera mieux déterminée et sa solidité plus généralement reconnue dans le monde industriel et financier.

Pour arriver à faire fonctionner utilement et à assurer la prospérité d'une telle entreprise générale, nous croyons que son personnel doit être ainsi composé :

I. — *Au centre, à Paris*, un *directeur général*, gérant responsable, ayant créé et organisé la Compagnie au début, et conservant la haute direction et l'administration générale financière, technologique et commerciale, devant correspondre avec les actionnaires et le public ou le gouvernement, choisir les employés, déterminer les traitements et définir les attributions de chacun.

Il doit avoir une intelligence à vues larges et sages, avec les qualités administratives fermes, prudentes et soigneuses jusque dans les détails.

Il aura un traitement fixe, des frais de bureau et de représentation, et une part d'intérêt sur les bénéfices nets de l'entreprise générale. Ce directeur général sera assisté d'un conseil de surveillance composé d'actionnaires intelligents, négociants ou banquiers; d'un sous-directeur et d'ingénieurs, inspecteurs généraux, attachés ou non au service des mines de l'Etat, conseils de la Compagnie, enfin par tous les hommes compétents, habiles, qu'il croira nécessaire de consulter pour s'éclairer et se mieux renseigner, aux frais de la Compagnie. Les ingénieurs conseils devront être savants, habiles, et surtout pratiques. Ils feront les voyages nécessaires sur les lieux des exploitations, et les visiteront tous au moins trois fois par an. Ils recevront des frais de voyage et une part des bénéfices nets annuels; car ils devront suivre l'entreprise dans tous ses détails techniques et pratiques, et par suite étudier, corriger et approuver tous les projets présentés par les chefs d'exploitations ou directeurs des travaux.

II. — *Sur chaque centre d'exploitation*, dans les départements, un *directeur des travaux* ou un ingénieur relevant du directeur général, ayant la responsabilité partielle et locale de tout ce qui comprend chaque exploitation confiée à ses soins. Il sera intelligent, ferme et juste. Il aura un traitement fixe et une part d'intérêt de 5 0/0 des bénéfices nets annuels, dont 2 0/0 seront aussi distribués aux autres employés, par le directeur général, sur la proposition du directeur des travaux, suivant le zèle et les services rendus par chacun, pour que chaque employé, du plus petit au plus grand, ait un intérêt personnel continuel au bénéfice général et à l'économie de chaque jour, qui assure la prospérité de l'avenir.

Par ce moyen on pourra supprimer les sinécures ou les survivances de vieillards employés sans travail, qui sont en général inutiles et deviennent des exemples dangereux. On ne choisira que des employés capables et actifs, laborieux, robustes et aimant à payer de leur personne; ils seront bons et sévères pour les ouvriers, et commanderont d'autant mieux les travailleurs qu'ils prêcheront par l'exemple de l'activité au travail et de l'exactitude à suivre les conseils et les ordres reçus des directeurs supérieurs.

III. — Enfin, comme trait d'union entre le directeur général et les directeurs des travaux, il sera utile d'établir un *sous-directeur inspecteur*, envoyé du directeur général, son bras droit, son pouvoir exécutif, émanant de lui, dans son esprit et ses volontés; mais surtout aidant le directeur général pour assurer l'alimentation des fonderies et voyant pour lui les détails qu'il ne peut pas voir assez souvent lui-même, et principalement tout ce qui a rapport à la partie technique et pratique des travaux dans chaque exploitation. Il sera chargé de tenir les registres historiques des travaux divers, faire les analyses chimiques de tous les échantillons pris sur les divers travaux à chaque degré d'avancement, pour les classer, les coordonner, et en tirer les déductions pratiques utiles, afin d'utiliser toute expérience d'un fait, sur tout autre point analogue ou dans toute autre circonstance semblable. Il étudiera et appréciera la valeur des divers procédés mis en pratique sur les exploitations, afin d'éviter autant que possible les écoles nouvelles.

Ce *sous-directeur* devra être un homme d'intelligence et d'action, pour aider de son activité la pensée de la direction générale, pour laquelle il aura tout le respect possible, sans craindre de l'éclairer par ses observations rigoureuses.

Il faut qu'il ait un caractère juste, énergique et ferme avec les employés, et une âme droite avec tout le monde, un vif amour de l'art des mines et un constant désir de voir prospérer l'entreprise à laquelle il s'est voué. Il faut qu'il soit honnête et consciencieux avec le public dans ses relations et ses voyages, pour créer ou préparer au gérant des relations utiles à l'affaire générale ; enfin, sage, conciliant et adroit dans les cas où le gérant le chargerait de juger en son nom des différends ou d'aplanir des difficultés.

Enfin il devra aider et compléter le directeur général dans tous les cas où cela pourra être utile. Il devra connaître l'industrie minérale des autres peuples et être allé s'instruire sur les lieux des exploitations étrangères ; mais il sera Français et devra posséder ce sentiment national qui fait servir son pays mieux que l'étranger.

Si ce plan d'organisation est adopté et mis en œuvre avec l'institution des écoles pratique que nous proposons, la France sera bientôt affranchie du tribut de 150 millions qu'elle paie à ses voisins et de l'obligation d'employer des étrangers pour développer son industrie minérale, en leur confiant ses intérêts nationaux.

La France entre lentement dans une voie nouvelle ; mais quand elle entreprend une industrie, elle la développe et la perfectionne avec une rapidité très-grande ; mais il est prouvé que notre habitude d'employer des étrangers dans nos exploitations est désastreuse et devient la cause de la plupart de nos insuccès ; car les étrangers portent peu d'intérêt à notre réussite et manquent du sentiment national qui excite le zèle et devient le premier mobile du succès. Ils ne viennent chez nous que pour y faire des observations et des écoles à nos frais. Essentiellement voyageurs nomades, ils ne s'attachent à aucune affaire et n'y voient que leur intérêt personnel. Ils courent le monde, parce qu'en rentrant dans leur patrie, on les paie en proportion de leurs années de voyage, sans s'assurer s'ils ont bien ou mal travaillé, et s'ils se sont montrés dignes ou incapables. — Est-il étonnant qu'ils n'assurent solidement aucune de nos entreprises ?

TABLEAU DES EXPLOITATIONS OU ÉCOLES PRATIQUES A SUBVENTIONNER PAR L'ÉTAT.

NOMS ET SITUATION DES EXPLOITATIONS.	DESCRIPTION ET IMPORTANCE DES GITES ET DES ÉTABLISSEMENTS D'EXPLOITATION.	AVANTAGES PARTICULIERS A RETIRER DE CES EXPLOITATIONS MODÈLES.	SOMMES NÉCESSAIRES POUR LES DÉVELOPPER CONVENABLEMENT.
FONDERIE **de BORDEAUX** (Gironde) PLOMB, CUIVRE, ÉTAIN, OR ET ARGENT.	Cette fonderie générale dans un port aussi important, où il n'en existe pas d'autre, est parfaitement placée pour son alimentation et très-favorablement pour l'écoulement de ses produits de toute nature.	Elle peut servir d'établissement central d'exploitation, d'*École domaniale*, donnant la vie et le mouvement à toutes les mines du Midi et du centre de la France qu'elle pourra subventionner et soutenir à son tour.	**500,000** fr. à employer en fonds de roulement et en subventions aux mines chargées de l'alimentation de la fonderie ; **12,000,000** fr. de produits manufacturés par an.
MINES **de BRUSQUE** (Aveyron) PLOMB, ARGENT, ZINC ET CUIVRE.	Il existe dans l'Aveyron un grand nombre de gîtes métallifères, contenant surtout de la galène et de la pyrite de cuivre riches en argent, qui furent exploités sous les Romains, et avec une grande activité du **X**e au **XVI**e siècle. Ces mines du Rouergue avaient alimenté deux hôtels des monnaies. On y a dépensé 1,500,000 fr. en travaux et établissements.	L'avantage principal à retirer de ces établissements modèles serait de former à la pratique de l'exploitation des cuivres, de l'argent et du plomb, dans les pays où les filons se montrent avec le plus d'abondance et de richesse, tout en présentant les composés les plus variés et les plus propres à former aux difficultés de traitement.	**500,000** fr. à employer en machines à vapeur et fonds de roulement pour donner : **2,000,000** de produits par an.
MINES **d'ALLOUE** (Charente) **et de VAURY** (Haute-Vienne) PLOMB, ARGENT, ÉTAIN ET OR.	Alloue est un des plus beaux filons couches de France, riche en plomb et en argent ; Vaury contient de beaux filons d'étain et du greisen injecté de 1 à 8 0/0 d'étain. On y a dépensé 500,000 fr. en travaux et établissements, et en machines de nouveau système, faisant mieux et plus économiquement.	Les établissements modèles, développés sur ces points à la limite des deux départements, auraient l'avantage de produire de l'étain et d'autres métaux, en formant à la pratique des *nouveaux systèmes déjà installés*, et servant de modèle et d'instruction utile pour en propager l'établissement avantageux sur les autres mines de France.	**500,000** fr. à employer en machines à vapeur et fonds de roulement pour donner : **2,000,000** de produits par an.
MINES ET FONDERIE **d'ALLEMONT** (Isère) **CHALANCHES** (Isère) **GRAND-CLOS** (Hautes-Alpes) PLOMB, ARGENT, CUIVRE, NICKEL, COBALT.	Ces mines comprennent un nombre considérable de filons en stockwerk, d'argent natif, antimonial, oxydé, sulfuré, et uni à un très-grand nombre d'espèces minérales, telles que nickel et cobalt arséniés et sulfurés, qui ont donné de la célébrité aux Chalanches. On y a dépensé 1,100,000 fr. en travaux et établissements. On a établi une fonderie à Allemont pour traiter le plomb, l'argent, le nickel et le cobalt.	Ces mines, exploitées jusqu'en 1808 comme propriétés nationales, puis concédées à des particuliers, ont donné jusqu'à 55,000 fr. de bénéfices par an. Il en a été extrait plus de 2,500,000 francs de produits. L'avantage particulier à retirer de leur exploitation modèle serait de former les élèves à la pratique de l'exploitation des minerais difficiles à traiter, des plus riches et des plus variés.	**500,000** fr. à employer en machines à vapeur et fonds de roulement pour donner : **2,000,000** de produits par an.

CHAPITRE II.

INDUSTRIE MINIÈRE.

Exploitation des mines. — Extraction des minerais.

§ I. *Moyens pratiques les plus utiles pour extraire les minerais de la terre. — Art du mineur.*

Le cadre étroit d'un Mémoire ne me permet que d'attirer l'attention sur quelques faits de l'art de découvrir ou d'exploiter les mines. Je ne puis pas plus m'arrêter à définir cette branche de l'industrie, qu'à décrire les connaissances nécessaires à celui qui veut entreprendre des travaux de ce genre, ou diriger avantageusement une exploitation.

Je ne veux m'occuper ici que des nouveaux moyens à faire connaître et à conseiller aux exploitants pour retirer un meilleur fruit de leurs dépenses et de leurs travaux. Ils trouveront ailleurs des ouvrages précieux et très-complets sur l'art du mineur, et sur les sciences et les arts pratiques que doit avoir étudiés avec soin celui qui veut s'occuper de mines. Je les engage à ne pas manquer d'y recourir, s'ils veulent être en mesure de lever les difficultés, et surmonter les obstacles nombreux qui se présenteront journellement à eux dans la pratique.

Dans l'art des mines, l'extraction des produits est la plus grande cause de dépenses, et le prix de revient des minerais est ce qui élève le plus le prix des métaux.

Aussi, le moyen nouveau qui facilite l'extraction et diminue de moitié la dépense nécessaire pour la sortie des roches et des minerais de la terre, ou qui la rend plus rapide, plus commode, et en évite la peine à l'homme, sera, je l'espère, accueilli avec empressement par les industriels producteurs, et ne sera pas dédaigné des propriétaires de mines, ou des capitalistes qui y sont intéressés et en soutiennent l'exploitation, car ce moyen la rendra plus avantageuse. Les Compagnies de chemins de fer, les entrepreneurs chargés d'exécuter les nombreux tunnels qui restent encore à faire, s'empresseront d'en user aussi, je l'espère.

Autrefois l'homme faisait lui-même les travaux les plus fatigants; mais, peu à peu, il s'est fait aider par les animaux; puis, avec le progrès des sciences industrielles, il a pu remplacer les bêtes de somme par les machines à force hydraulique ou à vapeur, et l'homme n'a plus eu qu'à les diriger.

Dans la marine et sur les chemins de fer, la vapeur fait aujourd'hui tous les efforts, comme, dans les manufactures, les machines font tous les ouvrages pénibles; et l'homme, comprenant sa nature et sa vraie mission, en reste l'intelligence et l'ordonnateur.

Déjà l'agriculture, en progrès, emploie des machines qui évitent de la peine aux bestiaux et aux hommes, et bientôt la vapeur les remplacera dans les plus grandes fatigues.

Enfin, ce n'est pas seulement chez l'industriel que les machines ont remplacé les mains de l'homme et les efforts des animaux, car il n'est pas un atelier de négociant un peu important qui n'utilise une machine.

Il est temps que les mineurs et les Compagnies de chemins de fer, ayant à faire des travaux de terrassement si pénibles, à travers des roches dures, avec tous les genres d'obstacles et de dangers, adoptent des machines qui en évitent le travail manuel à l'homme. Ils en emploient déjà pour monter l'eau et les déblais de mines de la profondeur du sol, d'où ils les ont détachés, ainsi que pour remonter les hommes de leurs travaux souterrains, et même pour opérer la détache des roches et des masses minérales.

Suivons donc ces idées, et décrivons sommairement ces diverses machines, pour détacher, extraire et remonter les roches et les minerais, car là est le progrès de l'art des mines.

Nous décrirons ensuite celles qui préparent et traitent les minerais; puis les moyens d'obtenir les métaux, avec les améliorations que nous croyons possibles en métallurgie.

Pour ce qui a rapport au percement des tunnels de chemins de fer et des galeries de mines, nous ne croyons pas pouvoir mieux faire que de rapporter ici une série de considérations pratiques très-justes, écrites par M. A. Buquet, habile ingénieur de nos amis, et l'un des inventeurs de l'excavateur mécanique, dont nous conseillons l'emploi général, parce que nulle autre machine ne présente les mêmes avantages.

§ II. Excavateur mécanique.

MACHINE POUR LE PERCEMENT DES GALERIES DANS LA ROCHE SANS EMPLOI DE LA POUDRE.

Note sur les différents procédés d'excavation et sur l'emploi de l'excavateur mécanique.

Les travaux d'excavation des galeries souterraines destinées, soit à l'établissement de tunnels pour les chemins de fer et les canaux, soit à l'ouverture des galeries d'exploitation pour les usines, acquièrent chaque jour une importance plus grande, par suite du développement des voies de communication, et de l'accroissement de la consommation des combustibles et des métaux dans l'industrie ; et cependant les procédés d'excavation, loin de suivre ce mouvement progressif, n'ont encore subi que des modifications insignifiantes.

L'abatage des roches se fait à l'aide du feu, du pic et de la poudre.

Les anciens employaient le feu pour pénétrer dans l'intérieur de la terre : aussi les versants des montagnes qui avoisinent les restes de leurs exploitations sont-ils entièrement dénudés.

Pour excaver au moyen du feu, on dresse des bûchers, en les disposant de manière que la flamme se dirige vers les points qu'on veut désagréger Les ouvriers se retirent pendant la combustion, et lorsqu'ils peuvent rentrer dans les travaux, ils projettent de l'eau sur les parties de la roche qui conservent encore une haute température. Le refroidissement subit que produit cette aspersion opère des fentes qui facilitent l'abatage du rocher, au moyen de la *pointerolle* ou pic pointu pénétrant dans les fentes pour enlever les blocs, et non pas au moyen du vinaigre et des acides, comme on l'a dit quelque part, en traduisant le mot *acuto* (pointerolle) par *acide*, sans doute parce qu'il avait été mal écrit par le copiste ou l'écrivain, qui avait lu *aceto* au lieu d'*acuto*.

La rareté toujours croissante du combustible et la lenteur du travail ont fait abandonner l'usage du feu, excepté contre certaines roches, dans lesquelles il est très difficile de percer des trous de mines.

L'emploi du pic, qui a succédé à celui du feu, a été longtemps le seul moyen en usage; il est encore préférable à la poudre dans les roches tendres; mais lorsque la masse présente quelque solidité, l'abatage au pic devient très-coûteux, et il est alors nécessaire de lui substituer le travail à la poudre.

Le procédé d'excavation à la poudre se réduit à creuser dans la roche des trous au fond desquels on place des cartouches que l'on fait éclater.

L'effet utile obtenu à l'aide d'une mine varie en raison de la charge de poudre, de la plus ou moins bonne direction du trou, et suivant la qualité du bourrage. Le poids de la charge de poudre doit être proportionné à la ligne de moindre résistance de la roche et nullement, comme on le dit et l'écrit souvent, à la plus ou moins grande profondeur de la mine. La ligne de moindre résistance est celle qui offre le moins d'opposition à l'expansion à l'air des gaz produits par l'explosion de la poudre.

Le bourrage le plus solide s'opère avec de l'argile séchée au feu et réduite en poudre.

Le temps et la quantité de poudre employés à l'abatage des roches varient en raison non-seulement de leur dureté et de leur structure, mais encore de la forme et de l'étendue de l'excavation.

C'est dans les exploitations à ciel ouvert que l'explosion de la poudre produit les effets les plus considérables, parce qu'il est alors facile de choisir la place et la direction du trou de mine, de manière à abattre une grande quantité de roche.

Dans les carrières de pierre calcaire qui ont fourni les matériaux du môle de Plymouth, on a obtenu, à l'aide de trois coups de mines, un bloc de près de 400 tonnes. Dans cette circonstance, chaque kilogramme de poudre a détaché un poids de 4 tonnes 1/2 environ, soit 4,500 fois son propre poids. La totalité de la poudre employée avait coûté 150 francs et le forage des trous de mines, 11 francs le bloc ainsi obtenu valait alors près de 1,150 francs.

La charge de poudre placée sous une forme compacte produit un effet plus considérable que lorsqu'elle occupe une grande profondeur d'un trou de petit diamètre. M. Courlebaisse, ingénieur des ponts et chaussées, a obtenu des résultats très-satisfaisants sur des marbres durs en creusant au fond des trous de mines des poches pour loger la poudre au moyen de l'acide chlorhydrique étendu d'eau. L'extraction qui coûtait 3 et 4 francs par mètre cube est descendue au-dessous de $0^{f},50$.

Il a employé des mines contenant 50 kilogrammes de poudre et déblayant jusqu'à 500 tonnes de marbre ; ces mines revenaient à 220 francs environ, tout compris.

L'avancement au moyen de la poudre est très-lent dans les galeries à petite section, parce qu'on ne peut établir au plus que deux couples de mineurs de front, qui doivent enlever la roche par éclats et sur le fond seulement de la galerie, le travail ne pouvant se faire le plus souvent suivant une ligne de moindre résistance autre que celle de la direction des trous.

Le temps employé à l'abatage d'un mètre cube d'une même roche diminue à mesure que la section de la galerie est plus grande.

On peut admettre, comme terme moyen pour le travail en galerie de $2^{m},50$ à 4 mètres de section, qu'il faut à un couple de mineurs : deux heures pour percer un trou de mine de $0^{m},45$ environ de profondeur ; cinquante minutes pour charger avec 150 grammes de poudre, faire partir la mine et opérer le premier déblai, chaque explosion produisant une excavation de $0^{m^3}, 130$.

Ce qui donne, pour chaque mètre cube d'excavation, une moyenne de six à huit mines, présentant une profondeur complexe de 3 mètres, vingt quatre heures de travail de deux mineurs, et 1,200 grammes de poudre.

Pour chaque mètre cube d'excavation en grande section, on peut compter dix heures de travail d'un couple de mineurs, trois à quatre mines, d'une profondeur complexe de 2 mètres, et un kilogramme de poudre.

L'emploi de la poudre dans les mines occasionne de nombreux accidents, soit parce que l'explosion a lieu pendant la charge, ou parce que la projection des éclats du rocher s'étend au delà des limites normales, ou bien que la commotion imprimée à la masse détache au loin des blocs dont on ne pouvait prévoir la rupture.

L'inflammation de la poudre donne naissance à une quantité considérable de gaz dont la force expansive, développée par la combustion, exerce une pression immense sur les parois qui les contiennent, brise la roche et en projette les débris ; et comme il est impossible de régler ou de mesurer l'effet produit par l'explosion des gaz, il se propage quelquefois au loin à travers les fissures, ébranlant et fracturant des masses considérables, et nécessitant des travaux longs et dispendieux d'abatage et de consolidation.

Les gaz et les vapeurs produits par l'explosion de la poudre remplissent le fond de la galerie en percement, et il devient nécessaire, pour rendre l'air de nouveau respirable, de les dissiper promptement à l'aide d'une puissante ventilation, qu'il est d'autant plus difficile d'obtenir, que la profondeur de la galerie est plus grande. Il faut 300 mètres cubes d'air atmosphérique pour remplacer l'air vicié par la combustion d'un kilogramme de poudre.

En résumé, la dépense du travail à la poudre dans les galeries n'est pas en proportion avec le résultat obtenu, et ce procédé, qui présente de nombreux inconvénients et de grands dangers, et qui nécessite une ventilation très-active, ne permet d'obtenir qu'un avancement journalier très-lent, qu'on peut évaluer à $0^{m},50$ pour les galeries, et à $0^{m},40$ seulement pour les puits.

La nécessité de percer de longues galeries à un niveau inférieur fait souvent abandonner l'exploitation productive d'une mine dont les travaux supérieurs sont envahis par les eaux, parce qu'il faudrait consacrer à l'ouverture à la poudre d'une galerie de rabais, une somme importante et attendre souvent plusieurs années la rencontre des points exploitables avant d'en tirer aucun revenu.

Il importe essentiellement aux Compagnies concessionnaires des chemins de fer, aussi bien dans leur intérêt que dans celui du commerce et de l'industrie, de conduire avec rapidité les travaux d'établissement des tunnels placés sur leurs parcours, afin de livrer le plus promptement possible les lignes à l'exploitation, et d'ouvrir les sources de leurs revenus, et aussi pour ne pas perdre l'intérêt des sommes importantes employées dans les autres travaux de construction.

La durée totale de l'ouverture d'un tunnel dépend de la rapidité du percement de la galerie préparatoire, parce qu'au fur et à mesure de l'avancement de cette galerie on peut placer un grand nombre de mineurs pour agrandir l'excavation. L'ouverture dans la roche de la galerie préparatoire d'un tunnel exigerait trois ou quatre ans par kilomètre, si l'excavation était entreprise seulement aux deux extrémités, et l'aérage en serait très-difficile. Pour éviter ces inconvénients, il faut sur ou près de l'axe du tunnel, foncer de nombreux puits jusqu'au niveau de la galerie d'avancement, afin d'y placer de nouveaux points d'attaque.

La dépense du fonçage de ces puits entre quelquefois pour un tiers dans le prix de construction d'un tunnel.

En présence des travaux immenses dont l'exécution est devenue nécessaire par suite des progrès de l'industrie et du commerce, comme le tunnel sans puits de 12 kilomètres qui doit traverser le mont Cenis, le tunnel du Simplon, les tunnels des chemins de fer italiens et espagnols, etc., il faut considérer l'ensemble des procédés ordinaires d'excavation comme étant d'une insuffisance absolue, et c'est dans le *travail puissant, régulier et précis de machines attaquant directement la roche à l'aide d'outils d'acier*, qu'il convient de chercher des expédients à la hauteur des progrès et des besoins actuels.

Les travaux exécutés sur les pierres et les marbres à l'aide de machines outils, et le fonçage des puits artésiens à l'aide de trépans d'acier, ne peuvent laisser aucun doute sur la solution pratique de l'attaque directe des roches dures par l'acier.

Le travail des pierres à l'aide d'appareils mécaniques remonte à la plus haute antiquité ; on n'en saurait douter en examinant les immenses pierres d'appareil qui ornent les monuments que nous ont laissés les Egyptiens. Dans les environs de Palerme, se trouve un banc d'arkose qui a servi de carrière aux Grecs pour la construction d'un temple à Neptune. Les fûts des colonnes, qui ont 2^{m},70 de diamètre, ont été extraits à l'aide d'un appareil mécanique creusant autour du bloc, par le rodage, un anneau circulaire régulier de $0^m,05$ à $0^m,06$ seulement de largeur, et de 2 à 3 mètres de profondeur. On voit non-seulement les cavités parfaitement cylindriques d'où les parties de colonnes ont été extraites, mais il reste aussi quelques blocs qui n'ont pas été détachés du fond et autour desquels existe l'entaille circulaire.

Les tours et les machines à débiter et à raboter, employés à Carare et dans les marbrières des Pyrénées et du nord de la France, donnent des résultats très-satisfaisants et ont apporté une grande économie de temps et de dépense sur le travail à bras d'hommes.

Parmi les travaux exécutés à l'aide de machines, on peut citer les quatre-vingts colonnes en marbre vert, de 15 mètres de hauteur, qu'on a expédiées à Saint-Pétersbourg pour le temple de Sainte-Sophie, et qui ont été façonnées tournées et polies, ainsi que leurs chapiteaux, dans les marbrières des Pyrénées.

Nous empruntons à l'ouvrage de M. Lambert, ingénieur des mines du Hainaut (*Voyage dans l'Amérique du Nord*, 1855), quelques notes sur les machines à travailler les pierres qu'il a vues fonctionner en Amérique, où leur emploi est nécessité surtout par le prix élevé de la main-d'œuvre.

Machine de M. Kneights, de Boston, pour forer les roches verticalement de haut en bas. L'appareil, qui se compose d'un trépan agissant par son propre poids, est mû par une petite machine à vapeur de quatre chevaux de force, conduite par l'ouvrier qui surveille le forage. Le trou percé, dans une dolomie assez dure, avait $0^m,10$ de diamètre. L'enfoncement était de $0^m,40$ par heure. Lorsqu'on veut forer à 5 ou 6 mètres de profondeur, on donne au trou de $0^m,15$ à $0^m,17$ de diamètre; l'enfoncement n'est plus alors que de $0^m,30$ par heure.

Machine de M. Couch, de New-York, pour percer les trous de mines. Le trépan donnant quatre-vingts coups à la minute et forant un trou de $0^m,02$ de diamètre dans du grès rouge dur, l'enfoncement était de $0^m,50$ environ par heure.

Machine de M. Jenks, pour percer les trous de mines. Le trépan, mû par une machine à vapeur de trois chevaux, donnait cent vingt coups par minute, et forait un trou de $0^m,07$ de diamètre dans du granit de Quincy, pour le moins aussi dur que le grès houiller, à raison de 1m,20 de profondeur par heure.

Machine de M. Wilson, pour tailler les pierres, à l'aide d'une plaque circulaire d'acier de 0m,35 de diamètre, percée au centre d'un trou qui permet de la caler sur un axe avec lequel elle reçoit un mouvement de rotation lorsqu'on la fait agir sur la roche. Cette plaque de 0m,02 d'épaisseur est amincie sur son bord extérieur par deux chanfreins, l'un de 0m,015, l'autre de 0m,03 de largeur; l'inclinaison du plan de la plaque sur la surface à attaquer doit être en moyenne de 45 à 50 centimètres.

La disposition générale de l'appareil est analogue à celle adoptée dans les machines à raboter le bois.

L'axe qui porte les ciseaux fait soixante-quinze à quatre-vingts révolutions par minute.

Un bloc de grès rouge à gros grains moyennement dur, de 2m,50 de long sur 0m,40 à 0m,50 de large, est dressé sur une de ses faces en moins d'un quart d'heure. Le dressage emportant une épaisseur de 0m,02 à 0m,03 de pierre, cette machine peut donc tailler 45 à 50 mètres carrés de ce grès dans une journée de dix heures; ce travail exigerait plus de cent journées de tailleurs de pierre.

Un bloc de grès dur comme du quartziste, long de 1m,80 et large de 0m,45, a été soumis devant une commission du sénat de Massachussets à l'action de la machine Wilson. En neuf minutes de temps le bloc a été taillé sur toute l'étendue de la surface attaquée, sans le moindre éclat, même aux arêtes; l'épaisseur de la couche enlevée était de 0m,04.

« L'appareil dépense peu de force; il est desservi par un seul homme qu'un manœuvre vient aider pour placer et retirer les blocs. »

M. Lambert parle également d'une machine à percer les tunnels, appelée *Talbot tunnelling machine.*

« Cet appareil, dont le travail a quelque analogie avec celui d'une large fraise, était mû par une machine à vapeur de cinq chevaux, placée à l'extérieur de la galerie. Il creusait directement dans un schiste talqueux coupé par de nombreux filets de quartz une galerie cylindrique de 5m,18 de diamètre. Le personnel se composait d'un maître mécanicien, un mécanicien, un forgeron, un chauffeur et quatre manœuvres pour les déblais.

» Un avancement de plus de $0^m,10$ par heure a été constaté par une commission du sénat de Massachussets assistant aux expériences. Le prix de revient par mètre d'excavation pouvait s'évaluer à 150 francs au maximum.

» Quelle était donc en ce cas la consommation d'acier pour la destruction de 21 mètres cubes de pierre ?

» Nous n'avons pu nous procurer des renseignements exacts sur le travail opéré par la machine Talbot ; il nous a été dit qu'elle n'avait pas eu le succès que faisaient espérer les premières expériences, mais que c'était seulement à la disposition de l'appareil qu'on pouvait attribuer ce fâcheux résultat.

On emploie maintenant en France diverses machines pour percer les trous de mines. Nous parlerons seulement du perforateur inventé par M. Bartlett et employé par lui avec succès dans le percement des tunnels du chemin de fer de Savoie, et nous traduirons quelques passages du rapport technique fait au parlement sarde, dans la session de 1857, par une commission chargée de suivre les expériences du système proposé par MM. Grattoni, Grandis et Somellier, pour l'emploi de l'air comprimé comme moteur et comme moyen d'aérage dans le percement du mont Cenis.

MOYENNE DES EXPÉRIENCES FAITES AVEC LE PERFORATEUR BARTLETT.

DÉSIGNATIONS.		SIÉNITE de la Balme d'Andorno.	CALCAIRE schisteux de la Coscia (Gênes).	SERPENTINE de Val-Travers (Scrivia).	GRÈS à grains fins faib[t] cimentés.	GYPSE de Calliano.	MOYENNES.
Nombre de coups par une minute.		267	267	267	267	267	267
Profondeur du trou par une minute.	Cent[res]. . .	328	490	730	1.910	2.880	1.267
— par cent coups.	—	123	183	273	715	1.079	474
Volume d'air comprimé, employé par une minute.	Litres.. . .	371	371	371	371	371	371
— par cent coups.	—	139	139	139	139	139	139
— par centimètre de profondeur.	—	113	76	51	194	13	545
Travail moteur en air comprimé par une minute.	Kilogrammètres.	41.181	41.181	41.181	41.181	41.181	41.181
— par cent coups.	—	15.429	15.429	15.429	15.429	15.429	15.429
— par centimètre de profondeur.	—	12.544	8.436	5.661	2.153	1.443	6.047

Il faut observer que le perforateur, ayant été construit pour être mû par la vapeur, consommait beaucoup plus de force en étant adapté à un autre moteur.

En comparant le travail ci-dessus à celui des mineurs, on a :

Siénite d'Andorno : deux mineurs percent $0^m,0015$ par minute ; la machine fait $0^m,0328$; le rapport est de 1 à 21,8 ;

Calcaire de la Coscia : deux mineurs percent $0^m,0031$ par minute ; la machine fait $0^m,049$; le rapport est de 1 à 15,8 ;

Calcaires divers des galeries de Villavecchia, Piève, etc. : deux mineurs percent $0^m,0022$ par minute ; le rapport avec la machine est de 1 à 22,3. Les résultats sont les mêmes pour les calcaires des galeries de Han et de Revin, en France.

En moyenne, la machine perce donc un trou de mine vingt fois plus vite que deux mineurs, en supposant qu'elle travaille continuellement ; mais en faisant la part des accidents, retards, changements d'outils et déplacements de la machine, et en observant que les mineurs se reposent et ont également des pertes de temps, on arrive à déduire de ces expériences que les machines de M. Bartlett travaillent en moyenne dix à douze fois plus vite que les mineurs.

Quelque grands que soient les avantages obtenus à l'aide des perforateurs mécaniques, ils se réduisent à une économie dans le temps employé au forage, et ne remédient en rien aux inconvénients et aux dangers inhérents à l'emploi de la poudre.

Les puits de sondage et les puits artésiens se foncent aujourd'hui avec une grande rapidité, bien qu'il soit nécessaire de transmettre le mouvement de l'extérieur à l'appareil agissant à de grandes profondeurs, et malgré les nombreux accidents produits par la rupture des outils et la perte du temps employé à extraire les déblais.

Le temps employé par mètre de sondage d'un même diamètre dans une même roche augmente rapidement avec la profondeur.

M. Fauvelle a exécuté, en 1846, à Perpignan, le forage d'un puits artésien de 170 mètres de profondeur, en vingt-trois jours de travail. En défalquant de ces vingt-trois jours trois dimanches et six journées perdues, il reste quatorze jours de travail effectif à dix heures par jour, ce qui représente un avancement moyen de 12 mètres par jour de travail.

Au nombre des travaux de M. Kind, nous citerons le forage de puits à grand diamètre dans les grès rouges des environs de Stiring, et le sondage de $0^{m},65$ de diamètre, exécuté dans le grès quartzeux des Vosges, à une profondeur de 270 mètres, à raison de $1^{m},50$ d'avancement moyen par jour.

Le principe de l'attaque directe des roches dures par l'acier nous semble suffisamment démontré, et c'est dans la découverte d'une *machine-outil* fonctionnant dans des conditions économiques, que réside la question du percement rapide et peu dispendieux des galeries dans la roche.

S'il était possible d'appliquer avec succès un bélier à vapeur à la propulsion horizontale et à la rotation du trépan de sonde, dont le mineur pourrait suivre de près le travail, le problème se trouverait résolu ; mais l'action par percussion horizontale est à peu près nulle, parce qu'une grande partie de la force de propulsion est absorbée par les frottements sur les supports, et que la poudre de roche, produite par les premiers coups de trépan, forme, au bas des cavités, un coussin qui, en amortissant les chocs, tend à faire dévier l'outil.

Les expériences de l'ingénieux appareil de M. Mauss, pour le percement des galeries à l'aide d'outils d'acier et sans employer la poudre, ont confirmé ce que nous avançons.

Cette machine était composée de plusieurs séries de pics d'acier destinés, par des chocs violents et rapides, à détruire la roche sur une partie de la surface à excaver et sur une profondeur de quelques centimètres, en laissant subsister intactes des masses isolées qu'on détruisait à coups de pics et de marteaux.

Dans l'attaque des roches par l'acier, le travail des scies circulaires et des outils de rodage est plus régulier et plus rapide que celui des instruments agissant par percussion ; en outre, les conditions de ce travail s'améliorent à mesure que la surface attaquée diminue ; la dépense de force, la consommation d'acier et la limite d'avancement étant en proportion de cette surface.

L'excavateur mécanique dont nous sommes inventeur repose sur ces données : c'est pour ainsi dire une application du travail des scies circulaires à l'ouverture des galeries.

Le travail de percement à l'aide de cet excavateur comprend deux périodes :

1° Attaque et division de la masse à excaver, en creusant à intervalles égaux des entailles étroites et profondes au moyen de plateaux circulaires armés d'outils d'acier ;

2° Abatage à l'aide de masses, de coins et de leviers des blocs isolés et enlèvement des déblais.

Nous avons expérimenté le principe de notre système dans l'usine de MM. Westerman à Sestri (Piémont), à l'aide d'une roue d'un mètre de diamètre, armée sur une partie de sa circonférence d'outils d'acier et fixée sur un tour auquel elle empruntait son mouvement de rotation. La force transmise était inférieure à un quart de cheval-vapeur. Des blocs (1,25 × 1, 10 × 1) de serpentine graniteuse, de protogyne, de marbre de Carare et de calcaire de la Coscia, ont été soumis à l'action des outils.

Ces outils travaillaient en moyenne six heures sans être repassés; ils creusaient une entaille de 0m,07 de large en enfonçant de 0m,005 à 0m,009 par minute, malgré l'instabilité des blocs qui rendait le travail plus difficile et moins régulier. La vitesse de rotation devant augmenter en raison de la dureté de la roche, la rotation était moins rapide dans les roches tendres ; mais les outils enlevaient une épaisseur plus grande, ce qui rendait le résultat sensiblement analogue.

En somme, ces essais ont permis de constater que la dépense de force et la consommation d'acier étaient de peu d'importance, surtout en raison de la rapidité d'avancement.

Pour ouvrir une galerie à l'aide de l'excavateur mécanique, il faut établir au même niveau deux appareils semblables, en les disposant en échiquier, c'est-à-dire en faisant travailler le premier parallèlement au second et un peu en avant. Lorsque l'excavateur le plus avancé a terminé le creusement des entailles, on le recule au delà de l'arrière de la seconde machine, de manière à laisser entre les deux appareils un passage qui permette aux ouvriers d'aller abattre les cloisons et emporter les déblais.

Les excavateurs mécaniques présentent deux types différents.

Les appareils du premier type, que nous décrivons plus loin, sont destinés au percement des galeries d'une grande longueur; ils portent un cylindre moteur alimenté par de l'air comprimé.

Les excavateurs du deuxième type seront employés principalement dans les mines et dans les galeries de moindre étendue. Dans ces appareils, le cylindre moteur est supprimé, ce qui diminue beaucoup la longueur et le poids du bâti, et le mouvement est transmis de l'extérieur par un câble métallique à une poulie à gorge fixée au dernier arbre du bâti. Ce système de transmission à de longues distances est de l'invention de M. Hirn, et a déjà reçu de nombreuses applications. S'il est nécessaire de produire une ventilation artificielle, il faut, dans ce cas, des appareils spéciaux.

Excavations mécaniques du premier type.

Chaque machine se compose (planche VII, fig. 2) :

D'un chariot en fonte roulant à l'aide de galets dans les entailles creusées par les plateaux circulaires sur le sol de la galerie :

D'un bâti également en fonte pouvant se mouvoir sur des glissières creusées dans la partie du chariot qui le supporte. A l'avant du bâti est fixé parallèlement au fond de la galerie un arbre horizontal, sur lequel sont adaptées des portions de plateaux circulaires en fer, armés à leur circonférence d'outils d'acier analogues à ceux employés dans les tours à métaux K. Les plateaux ont une épaisseur de $0^m,04$, et les outils qu'ils supportent dépassent de chaque côté de $0^m,01$ environ, afin de creuser les entailles assez larges pour éviter le frottement des porte-outils contre les parois.

Les plateaux ou porte-outils, qui se composent de deux bras liés par un segment de cercle, ont une étendue proportionnelle à leur nombre. Chaque porte-outil occupe un quart ou un cinquième de la circonférence totale, suivant que l'appareil porte quatre ou cinq plateaux. Ils sont disposés de manière à répartir également la résistance sur l'arbre qui les porte, et à réduire, par chaque rotation, le travail de creusement à l'attaque d'une surface égale à celle d'une seule entaille.

Le cylindre moteur I est établi à l'arrière du bâti. Il est alimenté par de l'air comprimé, au moyen de tubes venant de l'extérieur ou d'un réservoir portatif. La transmission de mouvement de la manivelle à l'arbre des plateaux se fait à l'aide d'engrenages et de chaînes à la Vaucanson.

En agissant sur la vis de pression G, on fait glisser progressivement le bâti sur le chariot, de manière que les scies circulaires se trouvent toujours en porte-à-faux, pour creuser dans la roche par la trituration et la réduction en poussière des entailles de 0^{m},06 de largeur, 0^{m},75 de profondeur sur toute la hauteur de la galerie, en laissant entre ces entailles des cloisons H de 0^{m},30 à 0^{m},35 d'épaisseur. Ces cloisons, isolées des deux côtés, sont ensuite facilement abattues sans poudre au moyen de coins, de masses et de leviers.

Un jet permanent d'eau froide, lancé sur la surface attaquée, en aidant à la désagrégation de la roche, prévient l'échauffement et la détrempe des outils.

Le chariot, et avec lui tout l'appareil, est porté en arrière, après l'achèvement des entailles, pour faciliter le déblayement.

Le nombre des plateaux porte-outils peut être, par appareil, de quatre à cinq, et même plus ; leur diamètre peut également varier suivant l'importance de l'excavation. En supposant le diamètre des plateaux de 2 mètres, les outils dépassant de 0^{m},07, la hauteur de l'excavation sera de 2^{m},14.

Les outils, qui sont mobiles sur chaque plateau (planche VII, fig. 5), forment une série qui occupe une largeur de 0^{m},06, largeur de l'entaille à creuser; mais ils n'attaquent la roche que sur 0^{m},04 au plus, en laissant subsister entre eux de petites bavures de 0^{m},003 à 0^{m},004 qui tombent d'elles-mêmes au fur et à mesure de l'avancement.

Pour l'ouverture des tunnels à grande section, on pourra augmenter le diamètre des plateaux et disposer plusieurs excavateurs à des niveaux différents.

Le percement d'une galerie préparatoire de tunnel ou d'une grande galerie d'exploitation de mine, se fera à l'aide de deux appareils à cinq plateaux, séparés par une cloison, de 0^{m},40 à

$0^m,50$. La section de la galerie sera, dans ce cas, de $2^m,14 \times 3^m,50 = 7^m,49$. Chaque appareil occupant $1^m,50$ de largeur sur $2^m,14$ de hauteur (cinq entailles à $0^m,06 = 0^m,30$, quatre cloisons à $0^m,30 = 1^m,20$; total $1^m,50$), soit pour deux appareils $2^m,14 \times$ 3 mètres $+ 0^m,50$, pour la cloison intermédiaire.

Nous estimons que, dans une roche dure, la serpentine par exemple, la vitesse de rotation à donner aux plateaux sera de deux à trois tours par minute, et que les outils enlèveront *au moins* $0^m,002$ à chaque révolution, ce qui donne un avancement de $0^m,006$ à $0^m,009$ par minute. Pour creuser les entailles à $0^m,75$ de profondeur, il faudra donc au plus deux heures cinq minutes, et au moins une heure vingt-cinq minutes; en comptant une heure pour l'abatage des cloisons, le déplacement de la machine, le changement des outils, l'enlèvement des déblais, l'avancement sera au moins de $0^m,75$ en trois heures, et en vingt-quatre heures de 8 mètres; soit par jour au moins 4 mètres sur chaque point d'attaque, et en moyenne 5 mètres.

Chaque appareil sera conduit par un aide-mécanicien et deux manœuvres, sous la surveillance d'un mécanicien pour les deux machines parallèles; quatre manœuvres seront employés à l'abatage et au déblai.

Un atelier de réparation sera établi à l'entrée de la galerie pour l'ajustage et l'affûtage des outils.

Il est presque toujours nécessaire, pour le percement des galeries d'exploitation, de produire artificiellement une ventilation active et puissante, à l'aide d'une machine construite au dehors, et le plus souvent on rencontre, dans les petites vallées où débouchent les galeries, des eaux torrentielles auxquelles on emprunte la force motrice. En employant l'excavateur mécanique du premier type, l'aérage sera facile, puisqu'on ne fera pas usage de la poudre, et la machine extérieure sera utilisée pour la production de l'air comprimé, qui, après avoir servi comme moteur, fournira l'air nécessaire aux ouvriers.

La surface attaquée par chaque appareil n'est que de : $\frac{2\pi \times 1^m,7}{2} \times \frac{5 \text{ entailles}}{5 \text{ plateaux}} \times 0^m,04$ de largeur $= 0^{m^2},1344$; la force motrice nécessaire sera au plus de quatre chevaux-vapeur, soit huit chevaux pour les deux appareils, et la force dépensée pour la compression de l'air sera égale, à peu de chose près, à celle que nécessiterait la ventilation d'une galerie percée à la poudre.

L'envoi de l'air comprimé à l'intérieur ne présente pas de difficulté et les pertes de pression sont peu importantes.

Nous trouvons, en effet, dans le rapport des députés sardes, dont nous avons déjà parlé, les résultats suivants, obtenus dans les expériences du compresseur hydraulique de MM. Grandis, Grattoni et Somellier.

Dépense de force nécessaire pour la compression de deux litres d'air au volume d'un litre . . . . 24.77 kilogrammètres.

3 litres	2 litres d'air	57.75	id.
4 id.	id.	95.03	id.
5 id.	id.	137.90	id.
6 id.	id.	185.00	id.

PERTE DE PRESSION DE L'AIR PAR 1,000 MÈTRES DE DISTANCE.

DIAMÈTRE DU CONDUIT.		$0^m,10$	$0^m,15$	$0^m,20$	$0^m,25$	$0^m,30$	$0^m,35$
	mètres.	mill.	mill.	mill.	mill.	mill.	mill.
Vitesse à l'origine du conduit.	1	6	4	3	3	2	2
	2	26	18	13	11	9	8
	3	62	42	31	25	21	18
	4	108	72	54	44	36	31
	5	167	112	84	67	56	48
	6	233	156	117	94	73	67

Il résulte de ce tableau que, pour une longueur de 6,500 mètres, et avec des tubes de $0^m,10$ de diamètre, en supposant la vitesse à l'origine des conduits de 5 mètres, la perte de pression ne serait que $1^m,085$ ou d'une atmosphère 1/3 environ. La vitesse initiale étant seulement de 4 mètres, la perte de pression serait de $0^m,702$ ou 9/10 d'atmosphère, et se réduirait encore de moitié en employant un tube de $0^m,20$. L'air arriverait donc à 6,500 mètres avec une pression de 4 at. 2/3, 5 at. 1/10, 5 at. 1/2.

La disposition de nos appareils est simple, et leur usage ne peut entraîner à des réparations longues et coûteuses.

En résumé, le résultat de nos essais nous permet d'espérer que l'emploi de l'excavateur mécanique réalisera, dans le travail de percement des galeries souterraines, un progrès et des avantages importants, en réduisant la dépense et en augmentant la rapidité de l'avancement; et comme c'est à la maison Cail et Cie que nous avons confié la construction de nos appareils, nous pouvons dire qu'il ne manquera rien à la perfection de leur exécution.

Le prix de chaque excavateur est d'environ 10,000 francs pour les appareils du premier type, et de 6 à 7,000 fr. pour ceux du deuxième.

§ III. — **Progrès de l'excavateur mécanique, essais en grand. — Tunnels.**

Au moyen des deux premiers excavateurs mécaniques que nous venons de décrire, nous avons recommencé avec un grand soin nos essais et nos expériences en grand dans les carrières des environs de Paris, dans les calcaires les plus durs et les plus compactes de Montrouge, ainsi que sur les gypses les plus durs de la couche inférieure qu'on exploite à la poudre ; sur les roches calcaires et siliceuses de Bagneux, ainsi que sur les roches meulières, avec lesquelles on avait construit un pilier maçonné avec de la chaux, du sable grossier et du ciment.

Pour donner une preuve concluante des avantages qu'on doit obtenir de l'emploi de ces excavateurs dans les travaux de mines et de chemins de fer, nous avons entrepris plusieurs galeries de mines dans les roches les plus dures, et deux tunnels dans les traversées des Pyrénées. Nous en notons tous les jours les résultats obtenus, et nous aurons le soin de les publier.

Mais pour donner une idée des progrès déjà réalisés par les inventeurs et les propriétaires de ces excavateurs mécaniques, et des résultats immenses qu'on est en droit d'attendre de ce nouveau moyen si puissant, nous ne croyons pouvoir mieux faire que de transcrire ici ce qu'en dit M. Buquet dans une note sur ce système.

Note sur la machine à percer les galeries sans emploi de la poudre, de MM. Vallauri et Buquet.

Les travaux de percement des tunnels et galeries acquièrent chaque jour une importance plus grande, et cependant les procédés d'excavation, loin de suivre ce mouvement progressif, n'ont encore subi que des modifications insignifiantes.

Aux fleurets des mineurs on a substitué les fleurets mécaniques qui percent beaucoup plus rapidement le trou de mine; mais pour briser et détacher la roche, on emploie toujours la poudre.

Ce procédé coûteux qui présente de nombreux inconvénients et de grands dangers, et qui exige une ventilation énergique, ne permet d'avancer qu'avec une extrême lenteur; ce qui nécessite, pour augmenter les points d'attaque dans les tunnels d'une certaine étendue, de creuser à grands frais des puits d'une exécution difficile.

Quel que soit le système adopté pour le passage des Alpes, des Pyrénées et autres grandes chaînes que les chemins de fer doivent traverser, il sera toujours nécessaire de percer de longs et nombreux tunnels pour établir les chemins dans de bonnes conditions de durée et d'exploitation; et, devant l'insuffisance absolue des procédés actuels d'excavation, *c'est dans le travail puissant, régulier et précis de machines attaquant directement la roche à l'aide d'outils d'acier* qu'il convient de chercher des expédients à la hauteur des progrès et des besoins actuels.

M. le général Poncelet, dans son admirable Mémoire sur l'exposition de 1851, fait remonter le travail des pierres à l'aide de machines-outils à la plus haute antiquité, et cite un grand nombre de ces appareils, notamment ceux employés dans les marbrières des Pyrénées et de Carrare.

Les travaux de sondage et de forage des puits artésiens, le puits à grand diamètre foré par M. Kind, dans les grès rouges des environs de Stiring, par exemple; ainsi que le puits de Passy, dans les grès verts et la craie à gros rognons de silex, ne peuvent laisser aucun doute sur la solution pratique du travail d'excavation des roches dures par l'acier, même à travers les roches siliceuses et granitiques.

Il existait, à notre connaissance, deux machines destinées à percer les tunnels avant celle dont nous sommes inventeurs.

M. Mauss, l'auteur du plan incliné de Liége, a proposé à Turin, en 1848, une machine-outil pour le percement du mont Cenis. Cette machine, destinée à ouvrir une galerie préparatoire de $4^m,40$ de largeur sur $2^m,20$ de hauteur, devait occuper seulement la moitié de la largeur de la galerie, afin de permettre, pendant son travail, de déblayer l'autre moitié.

Elle attaquait la roche par percussion à l'aide de 116 pics ou trépans disposés en lignes horizontales et verticales, de manière à isoler jusqu'à quelques centimètres de profondeur des blocs qu'on détachait ensuite à l'aide de coins et à coups de masses.

D'après des expériences faites avec un appareil d'essai, on évaluait en moyenne l'avancement journalier à 5 mètres pour une galerie de $4^m,40$ sur $2^m,20$, et la dépense à 238 fr. par mètre cube.

La machine paraissait d'un entretien difficile; les trépans attaquaient la masse à angle droit et étaient d'autant plus exposés à briser leurs pointes, à se fausser et à se rompre, qu'ils devaient frapper chacun 150 coups par minute, soit, pour les 116 trépans, 17,400 par minute.

L'appareil de M. Mauss n'a pas reçu d'application.

M. Lambert, ingénieur belge, parle (*Voyage dans l'Amérique du Nord*, 1855) d'une machine à percer les tunnels appelée *Talbot tunelling machine* et qu'il a vue fonctionnant près de New-York.

Cet appareil, dont le travail a quelque analogie avec celui d'une large fraise, était mû par une machine à vapeur de 5 chevaux, placée à l'extérieur de la galerie; il creusait directement dans un schiste talqueux coupé par de nombreux filets de quartz, une galerie cylindrique de $5^m,18$ de diamètre. Le personnel employé se composait d'un maître mécanicien, un mécanicien, un forgeron, un chauffeur, et quatre manœuvres pour les déblais.

Un avancement régulier, de plus de $0^m,10$, par heure a été constaté par une commission du sénat de Massachussets assistant aux expériences. Le *prix de revient par mètre d'avancement pouvait s'évaluer à* 150 *fr. au maximum.*

Quel était donc, en ce cas, la consommation d'acier pour la réduction en poussière et petits fragments de 21 mètres cubes de roche dure ?

Nous n'avons pu nous procurer de renseignements sur les résultats obtenus à l'aide de cet appareil géant qui pèse 75 tonnes.

L'examen des machines à travailler la pierre démontre que l'action des outils de sciage et de rodage est plus régulière et plus rapide que celle des instruments agissant par percussion. (*Gutta cavat lapidem non vi, sed sæpe cadendo.*) En outre, les conditions de travail s'améliorent à mesure que la surface attaquée diminue, la consommation d'acier et la dépense de force étant proportionnelles à cette surface.

La machine pour le percement des galeries dans la roche sans emploi de la poudre (système Vallauri et Buquet) repose sur ce principe; c'est, à vrai dire, une raboteuse circulaire appliquée à l'attaque des roches.

Elle se compose de deux parties principales en fonte.

La partie inférieure ou chariot est supportée par des galets roulant sur des rails en fer qu'on pose au fur et à mesure de l'avancement.

La partie supérieure ou bâti porte à l'avant un arbre horizontal sur lequel sont adaptés, à intervalles égaux, des bras en fer forgés, reliés à leur extrémité par des arcs de cercle également en fer qui reçoivent des outils mobiles en acier analogues à ceux employés dans les tours à métaux. — L'appareil a quatre porte-outils d'un quart de cercle chacun; leur réunion sur le même point de l'arbre formerait une scie circulaire de deux mètres de diamètre.

Les outils sont destinés à attaquer la roche et à la diviser en creusant par le rodage et la réduction en poussière des sillons étroits et profonds et en laissant subsister des cloisons entre ces entailles, ce qui, pour ainsi dire, débite la pierre verticalement.

Ils sont disposés sur les porte-outils de manière à agir progressivement, le premier creusant un sillon que chacun des autres vient agrandir, le dernier outil creusant la partie de l'entaille opposée à celle que le premier a attaquée.

Le bâti porte l'arbre principal, les engrenages et la chaîne de Galle qui transmettent un mouvement de rotation à l'arbre des porte-outils; ce bâti glisse horizontalement à l'aide d'un mouvement de translation disposé à l'arrière du chariot qui lui sert de banc, afin de permettre aux porte-outils de travailler toujours en porte-à-faux.

Ce mouvement de translation est imprimé à la main par le conducteur de la machine qui peut ainsi le régler en raison de la dureté de la roche attaquée.

Un autre mouvement établi également à l'arrière du chariot permet de soulever tout l'appareil de $0^{m},12$ environ et de donner ainsi à la galerie douze centimètres de plus en hauteur que le diamètre des porte-outils, ce qui est indispensable pour placer des rails sous l'appareil et pour que les outils ne s'accrochent pas ni en haut ni en bas dans les mouvements d'avance et de recul.

L'élévation et l'abaissement du chariot s'obtient au moyen d'une tige portant trois vis sans fin engrenant avec trois pignons à vis sans fin calés sur les trois essieux mobiles qui portent le chariot; ces essieux ont à chaque bout un tourillon excentré de $0^{m},06$ par rapport à leur centre, de manière que pour un tour de l'essieu, le galet (fou sur le tourillon) et par suite tout l'appareil se trouvent abaissés ou élevés de $0^{m},12$.

Le moteur (turbine, roue hydraulique, ou machine à vapeur) est établi à l'extérieur de la galerie; la force motrice est transmise à l'arbre principal de l'excavateur à l'aide d'un câble en fil de fer de petit diamètre; un chariot tendeur roulant sur un petit chemin de fer extérieur permet au câble de suivre l'avancement du bâti pendant son travail sur la roche.

Pour ouvrir une galerie à l'aide de l'excavateur, on établit deux appareils travaillant en échiquier; lorsque le plus avancé a creusé les entailles à profondeur (0^m,76 environ), on le recule au delà de l'arrière de la seconde machine, de manière à laisser entre les deux appareils un passage permettant aux ouvriers d'aller abattre, avec des coins et des masses, les cloisons isolées des deux côtés par les sillons qu'a creusés la machine et ensuite d'enlever les déblais. Pendant la marche un jet permanent d'eau froide, lancé sur la surface attaquée, prévient l'échauffement des outils en aidant à la désagrégation de la roche. Pendant le repos de l'excavateur, on change les outils, on graisse la machine, etc.

Chaque excavateur est conduit par un aide-mécanicien et un manœuvre, sous la surveillance d'un mécanicien pour les deux appareils; quatre manœuvres par poste de huit heures sont employés aux déblais.

Un atelier de réparation est établi à l'entrée de la galerie pour l'ajustage et la réparation des outils.

Des essais faits à Bagneux, sur un banc de calcaire imprégné de quartz, avec un excavateur sortant des ateliers de Cail, nous ont permis de constater : — que l'excavateur, la transmission et le chariot tendeur fonctionnaient régulièrement; —que chaque appareil employait six chevaux vapeur de force au maximum; — que l'avancement moyen dans des calcaires d'une dureté moyenne peut être estimé à raison de 0^m,01 par minute, soit 0^m,75 en une heure quinze minutes; — que le déplacement de la machine, l'abatage des cloisons, l'enlèvement des déblais exigeant au maximum un même laps de temps, l'avancement, dans ces conditions, serait donc de 0^m,75 en deux heures et demie, soit de plus de 9 mètres en vingt-quatre heures; — que la consommation d'acier est insignifiante, les mêmes outils ayant fait plus de deux mètres d'avancement sans être affûtés; — que les câbles marchant avec rapidité entretenaient à la partie supérieure et à la partie inférieure de la galerie un courant d'air qui serait probablement suffisant pour ventiler les travaux jusqu'à de grandes profondeurs, puisqu'on n'a pas à faire disparaître les gaz délétères produits par l'explosion de la poudre; — qu'enfin l'emploi de l'excavateur réalisera, dans le travail de percement des galeries, un progrès et des avantages importants, en supprimant l'usage de la poudre, en réduisant la dépense et en augmentant la rapidité de l'avancement, rendant ainsi facile l'exécution de grands travaux que l'insuffisance des moyens actuels d'excavation ne permet pas d'entreprendre avec chance de succès.

L'établissement d'un chantier pour creuser une galerie à l'aide d'excavateur, en y comprenant deux appareils de 8,000 francs chacun, les chariots tendeurs, une machine à vapeur de douze chevaux, etc., peut être estimé au maximum à 40,000 fr.

Si le boisage devient parfois et accidentellement nécessaire, il est facile de l'effectuer au moyen des $0^m,12$ d'excédant d'excavation sur la hauteur de l'appareil, pour peu qu'on enchâsse les bois dans les parois des roches.

Le boisage sera d'ailleurs beaucoup plus rare dans les travaux exécutés par l'excavateur mécanique, parce que les roches ne sont pas soumises à l'éboulement qu'occasionne toujours la poudre, et sont coupées avec une parfaite régularité, qui maintient les roches en place, en évitant leurs glissements.

Disons enfin que la découverte chimique qui permet de fabriquer *l'acier de Wolfram*, plus dur et plus tenace que les aciers connus et employés jusqu'ici, est arrivée à point pour aider l'excavation des roches dures au moyen des machines-outils armées de pointes de cet acier supérieur qu'on obtient en le fondant avec 2 à 10 centièmes de wolfram pur et calciné.

Le docteur Raoul Destrem, profitant de son exploitation de cette substance rare (*tungstate de fer et de manganèse*) qui ne se trouve, en France, qu'en Limousin, a fait l'application de ce qu'avait écrit Faraday sur l'acier de Wolfram et surtout des nouvelles études du Dr Keller, son ami. Il a eu l'honneur de présenter, en 1859, à S. M. l'Empereur un acier de Wolfram rayant le verre et attaquant le quartz. Les outils en cet acier attaquent les roches dures, comme les burins des raboteuses coupent la fonte et l'acier. — Le percement des galeries de mines, des tunnels et des grandes chaînes de montagnes ne sera donc plus qu'une question de machines-outils et de forces motrices.

§ III. — Autres machines employées dans les mines.

Dans toutes les recherches de mines et leur première mise en valeur, nous n'engageons pas au début les exploitants à faire de grandes dépenses d'installation sur les premiers indices de richesse; il serait imprudent de s'établir de suite d'une manière complète et grandiose, avec les moyens industriels perfectionnés que nous conseillons chapitre III, § III. Il est plus sage d'employer, au commencement quelques-uns des anciens appareils, décrits au chapitre III, § II, moins dispendieux et plus portatifs; ce qui est important surtout pour le cas où la suite des recherches ferait reconnaître des points plus riches en minerai et plus avantageusement situés que ceux qu'on aurait primitivement choisis comme centre d'exploitation et sur lesquels on se serait tout d'abord établi. Dans le cas de doute, et pendant les recherches, nous conseillons de faire usage de l'appareil de M. Cagniard de la Tour, qui a l'avantage d'opérer le débourbage et le lavage en même temps, et de s'appliquer aussi bien aux minerais de cuivre qu'à ceux de plomb, d'étain, d'antimoine, etc. Il a l'inconvénient de laisser perdre beaucoup de minerai fin qu'emporte le courant d'eau; mais il a l'avantage de permettre de laver rapidement, et sans tamisage, de grandes quantités de minerais pauvres, en faisant connaître immédiatement la nature plus ou moins riche des produits retirés des premières fouilles ou des premiers travaux de recherches : ainsi, à Chessy, le lavage et le débourbage du minerai mêlé de matières étrangères s'exécutaient autrefois dans des encaissements rectangulaires horizontaux ou peu inclinés, de 7 à 8 mètres de long sur 60 à 66 centimètres de large. Le minerai brut était étendu en couches peu épaisses sur toute la surface des caisses; on y faisait affluer un courant d'eau pendant 35 à 45 minutes, et pendant cet intervalle de temps, de jeunes ouvriers, armés de râteaux, étaient occupés constamment à brasser le minerai en le remontant contre le courant, et en faisant descendre, au contraire, le sable et l'argile que le frottement en détachait.

Ce procédé était très-pénible pour les ouvriers, très-long et huit à dix fois plus dispendieux que le procédé actuel. Le minerai obtenu n'était qu'imparfaitement dépouillé de sa gangue, et surtout lorsqu'on lavait du minerai pauvre enveloppé de grès.

Le débourbage par la méthode due à M. Cagniard de la Tour s'exécute dans un crible cylindrique ou tonneau A, fig. 1, 2, 3, 4, pl. VI, ayant des ouvertures longitudinales et parallèles de quelques lignes de largeur; ce crible tourne à l'aide d'une roue hydraulique à augets K, autour d'un axe horizontal qui le traverse; il est plongé dans une cuve pleine d'eau G jusqu'au niveau de cet axe.

A l'aide du frottement qui résulte de ce mouvement circulaire, le grès friable et l'argile qui enveloppe le minerai de cuivre se désagrégent, se divisent et sortent au travers des ouvertures du crible. Le sable le plus gros, qui contient encore du minerai, est retenu sur une grille rectangulaire D, suspendue horizontalement au-dessous du tonneau par quatre chaînes S S; des cames U, disposées sur la circonférence du tonneau, donnent à la grille des secousses continuelles, de manière à permettre au sable fin et dépouillé de traverser et de se déposer au fond de la cuve; enfin, l'argile délayée et tenue en suspension dans l'eau affluente est entraînée à la rivière.

Le minerai brut, réduit, après cette opération, au quart environ de son volume primitif, est tiré, soit à la main, soit au crible, de la cuve, selon sa grosseur, dans le but d'en séparer les matières étrangères et de nulle valeur qui y sont mélangées.

Le tonneau contient 1,000 kilogrammes de minerai. Une opération complète dure environ quinze minutes, dont cinq environ pour charger et vider, et dix pour débourber; cinq hommes exécutent ce travail, et ils lavent, en neuf heures, 35,000 kilogrammes de minerai brut.

Cette méthode, introduite à Chessy vers le milieu de 1821, quoique appliquée actuellement à un minerai trois fois moins riche, a conservé ses avantages sur l'ancien procédé sous le rapport de la célérité et de l'économie de l'opération des lavages. Il a permis de décupler, presque sans aucuns frais de plus, l'activité de la préparation mécanique, et, par suite, de suffire à alimenter les fonderies, malgré l'épuisement du minerai de cuivre peroxydé (mine noire) et du minerai pyriteux. Enfin, il a rendu possible, sous le rapport économique, le lavage d'un minerai carbonaté ne tenant que 2 à 4 pour cent de cuivre, qui forme la portion la plus considérable du produit actuel de l'exploitation, en sorte que l'on peut dire avec vérité que, sans cette heureuse invention, la mine de Chessy serait abandonnée depuis longtemps par suite de l'appauvrissement du minerai.

Cette méthode de lavage est simple, peu dispendieuse à établir; elle exige peu d'eau et une faible chute (3 mètres) pour être mise en mouvement, et elle offre le précieux avantage de pouvoir s'appliquer à d'autres localités et à d'autres minerais. On l'a utilisée récemment avec beaucoup d'avantage pour débourber des minerais menus de plomb sulfuré et autres, rebuts des anciennes exploitations, sur les haldes d'Espagne.

C'est surtout ce qui nous engage à joindre ici l'explication détaillée de ce système, planche VI.

Fig. 1re. — Coupe verticale de l'atelier de débourbage et de lavage du minerai, et mécanisme employé pour cet usage.

Fig. 2. — Plan de l'atelier.

Fig. 3. — Coupe du cylindre à débourber prêt à être chargé, ainsi que de la grille et de la cuve dans laquelle il se meut.

Fig. 4. — Plan de la grille, le cylindre étant enlevé.

Fig. 5. — Fond du cylindre.

Fig. 6. — Coupe verticale du même.

Les mêmes lettres indiquent les mêmes objets dans toutes les figures : *a*, cylindre dans lequel on jette le minerai pour le laver : ses douves sont un peu écartées pour donner passage au grès friable et à l'argile; *b*, entonnoir mobile pour charger le cylindre; *c*, planches de roulage; *d*, grille en fer pour retenir le gros sable riche; *e*, treuil à double manivelle pour élever ou abaisser le cylindre; *f*, contre-poids pour équilibrer le cylindre chargé; *g*, cuve d'immersion; *g'*, cuve additionnelle qui est devenue inutile depuis l'emploi de la grille *d*; *h*, plancher; *i*, canal qui conduit l'eau à la cuve d'immersion; *j*, empellement destiné à tenir la cuve pleine d'eau; *k*, roue hydraulique qui donne le mouvement de rotation au cylindre; *l*, coursier de la roue hydraulique ; *m*, canal de fuite de la cuve d'immersion ; *n*, trop plein de la cuve d'immersion ; *o*, canal qui amène l'eau sur la roue hydraulique.

Quant aux machines pour extraire les eaux des travaux souterrains ou pour remonter les roches, les minerais et même les hommes, il en a été inventé et employé un très-grand nombre. Dans les premiers temps, on se servait d'une simple corde sur une poulie simple et double, ou enroulée sur un treuil à manivelle. Puis, à ces treuils, on a ajouté des engrenages qui ont permis d'employer la force de plusieurs manœuvres à chaque manivelle. Plus tard on a remplacé les treuils à bras d'homme par un tambour ou un manége à mollettes conduit par des chevaux; et enfin, avec le développement de l'industrie, sont arrivées les machines hydrauliques et à vapeur. C'est là qu'est le progrès sérieux ; car, pendant que les treuils ou les mollettes pouvaient monter de une à dix tonnes de 1,000 kil. d'eau ou de roches par heure, les machines à vapeur peuvent en sortir de terre jusqu'à mille fois plus.

En visitant les exploitations d'Angleterre, on est émerveillé de voir faire tant de prodiges à ces puissantes machines de la force de plus de cinq cents chevaux, soulevant des masses énormes d'eau ou de matières, qu'elles déversent seules à la surface, en fonctionnant avec la régularité d'un chronomètre et la précision absolue d'un instrument de mathématiques. Un seul homme est là pour tout maîtriser à la baguette ; un seul mécanicien suffit pour tout diriger, et faire obéir dans tous les sens, comme un enfant docile, cette puissance énorme, dont le moindre écart briserait tout à la seconde, en se détruisant elle-même; tandis qu'avec le peu d'intelligence que lui donne la main du mécanicien, elle fait des prodiges et rend des services immenses. C'est admirable ! D'où vient donc tout cela ? C'est que l'homme a compris les lois de la nature et a su les utiliser en combinant avec habileté les lois du mouvement et de la force de la vapeur, et que son intelligence lui permet de tirer un si grand parti de quelques gouttes d'eau, réduites en vapeur par le feu et arrivant à point.

C'est là la cause de toutes les inventions utiles, ainsi que de leurs mille perfectionnements; aussi conseillons-nous toujours d'employer les moyens qui reposent sur la saine observation et les véritables applications des lois de la nature, tant pour l'extraction que pour la préparation et le traitement des minerais.

Aujourd'hui tout est fait dans les mines à l'aide de machines hydrauliques ou à vapeur. On emploie des machines pour l'extraction des minerais, des machines pour l'épuisement et l'aérage des mines, des machines pour la descente et la montée des ouvriers, etc.

Primitivement, les ouvriers descendaient dans les mines et en remontaient par des échelles verticales ou un peu inclinées; mais ce travail absorbait un temps considérable et usait les forces de l'ouvrier. Aussi a-t-on, par raison d'humanité et par raison d'économie, pensé à employer des machines pour éviter cette sorte de travail. On a appliqué aux hommes, dans quelques mines où cela était possible, les procédés d'extraction des minerais.

Dans la plupart des mines de houille, où les puits sont verticaux, la translation des ouvriers se fait au moyen de câbles parfois, comme en Angleterre, sans autre intermédiaire qu'une chaîne à crochets dans laquelle leur jambe est passée; généralement, en Belgique et en France, par les bennes ou cuffats et les cages guidées.

Nous renvoyons aux ouvrages spéciaux pour l'étude et la description de toutes ces machines; mais nous croyons devoir appeler l'attention sur les belles et puissantes machines à épuisement de provenance anglaise, et sur celle dite machine élévatrice, servant à remonter les hommes par un simple mouvement de bas en haut et de haut en bas très-ingénieux.

Toutes les machines destinées à remonter les hommes sont basées sur le même principe. Elles se composent d'une ou deux tiges garnies de paliers qui oscillent dans le puits. Lorsqu'il y a deux tiges, une série de planchers sont installés à des distances égales sur ces tiges et peuvent, par le mouvement oscillatoire qui est donné aux tiges, venir se trouver à des intervalles de temps égaux l'un devant l'autre, et ainsi permettre à l'ouvrier d'un plancher inférieur de l'une des tiges de passer sur le plateau supérieur de l'autre tige, et ainsi de suite.

Quand on ne veut se servir que d'une seule tige, l'oscillation de la tige fait arriver ses divers paliers successivement dans des parties fixes installées à des hauteurs égales dans les puits.

En 1833, les premiers essais furent faits dans les mines métalliques du Hartz : le principe consiste à imprimer à des échelles un mouvement alternatif durant le trajet et une série de relais à chacun desquels l'ouvrier n'avait à effectuer qu'un déplacement horizontal. Les échelles mobiles, connues en Allemagne sous le nom de *fahrkunst,* ont été depuis imitées et perfectionnées par les Anglais et ensuite par les Belges.

Le premier *man-engine* (machine à homme) fonctionna dans le Cornwall, en 1842, à l'usine de Tresavem. En 1847, M. Varoque installa à Mariemont l'appareil qui a conservé son nom.

CHAPITRE III.

INDUSTRIE MINIÈRE.

§ 1. Exploitation des mines. — Préparation des minerais.

Moyens pratiques les plus utiles pour préparer les minerais dans les ateliers de préparation ou dans les usines de mines, et séparer les gangues stériles, par les meilleurs procédés mécaniques et chimiques.

On appelle minerais les combinaisons naturelles qu'on extrait de la terre et que l'on traite pour en retirer les métaux. La connaissance des parties constituantes des minerais et de leurs propriétés est aussi importante pour le métallurgiste que celle des propriétés des divers métaux. La première chose à faire est d'amener le minerai à un état favorable à l'extraction du métal.

Déjà au xvie siècle on employait des moyens de broyage et de concentration des minerais qu'Agricola décrit parfaitement dans ses ouvrages. On employait déjà le bocardage à l'eau par les meules et les pilons mis en mouvement par les moyens les plus variés, par la main de l'homme ou le secours des animaux. Nos figures 1, 2, 3 et 4 de la planche III montrent aussi les moyens de concentration ou d'enrichissement des minerais par lavages à l'eau dans des cribles à main dans l'eau courante (fig. 3), ou des tamis à main dans des baquets à l'eau presque dormante (fig. 1 et 2).

La figure 4 montre aussi comment on concentrait les parties fines au moyen de patouillets mécaniques. On employait déjà à cette époque les caissons longs horizontaux, composés de deux à trois caisses longues de 2 mètres, sur $0^{m},60$ de largeur et de hauteur, dans lesquels on jetait les minerais, pendant que de forts courants d'eau les lavaient en entraînant les parties légères. Pour faciliter la séparation par l'eau, les anciens savaient aussi qu'il fallait agiter les sables, au moyen de pelles ou de râteaux, et classer les minerais par les chutes d'eau dans ces caissons longs dont les parties avaient plusieurs niveaux.

Enfin nous trouvons dans Agricola tous les principes des moyens employés aujourd'hui pour traiter les minerais. Ces moyens étaient un peu primitifs, mais on n'a fait que les perfectionner, sans en changer le principe, qui malheureusement est toujours de concentrer ou d'enrichir les minerais par des systèmes plus ou moins bien entendus de lavages à l'eau pour entraîner les substances stériles.

Mais en débarrassant les minerais de ces substances stériles, l'eau entraîne toujours beaucoup de matières métalliques utiles qui se perdent dans le courant. Il est vrai qu'on est arrivé aujourd'hui à réaliser un notable avantage en amenant préalablement ces minerais à un certain état de division qui permet de les classer par grosseurs uniformes, pour ne soumettre à la force d'un même courant d'eau que des grains de matière de même grosseur, qui alors, ne différant presque plus que par leur densité, se séparent mieux et avec moins de perte.

Nous avons représenté, planche IV, les moyens employés en Angleterre et en Allemagne, et il est facile de voir qu'ils reposent toujours sur les mêmes principes, et que c'est toujours par petites quantités qu'on procède, par pelletées seulement, soumises à la fois au lavage chaque dix minutes.

Qu'on nous permette de le dire, on est forcé de conclure que le traitement des minerais réduit à ce mode de lavage n'est nullement industriel ; il est à l'état d'enfance de l'art et fait peine à voir ; il est même impuissant pour concentrer des minerais contenant divers métaux.

Lorsque plusieurs minerais de différents métaux se trouvent engagés dans un même produit de mine, le cassage et le triage à sec doivent être faits à la main, avec grand soin, à cause de l'irrégularité de la distribution des parties hétérogènes. Ils sont coûteux en général et souvent impuissants; mais ils sont complétement inutiles dans le cas où ces minerais divers sont si intimement liés qu'on peut les dire inextricables et impossibles à séparer par les moyens ordinaires, que la préparation mécanique se fasse à sec ou à l'aide de l'eau qui facilite la séparation par densité.

D'ailleurs, quelque amélioration qu'on ait introduite dans ce travail à l'eau, des épreuves délicates faites avec soin et exactitude ont démontré qu'il entraînait toujours une perte notable de matière utile.

D'habitude on conseille, dans la préparation des minerais, de nettoyer le minerai *tout venant* sortant de la mine en le triant, ou de le débourber en le classant par fragments de grosseur *sensiblement* égale. Nous croyons qu'on n'a pas attaché une assez grande importance à cette opération de classement. Elle ne peut se faire en même temps que le triage et n'est bien indiquée qu'après que les minerais ont été broyés avec soin. Alors seulement cette opération peut être nette, suffisante et complète. Nous la croyons la plus essentielle. La perfection de toutes les opérations ultérieures dépend beaucoup de l'exactitude et de la perfection du classement des minerais en grains par catégories nombreuses et bien distinctes, différant peu de grosseur et ne contenant chacune que des grains exactement égaux en volume. Car les différences de densités ne suffisent au classement parfait ou à la séparation des matières minérales d'avec leurs gangues, qu'à la condition que le volume égal permette mieux à l'action de la pesanteur de les séparer, en agissant différemment sur les grains de densité différente. Les volumes différents s'opposeraient à la netteté de la séparation en rendant irrégulière l'action de la pesanteur. Dans l'application de nos nouveaux procédés, le classement de tous les minerais en grosseurs parfaitement uniformes pour chaque catégorie est le point capital. Déjà M. Givor y avait attaché une plus grande importance qu'on ne le faisait avant lui. Et pour arriver à bien classer les minerais concassés ou les sables sur lesquels il voulait opérer avec sa machine ou son tube séparateur, il avait imaginé des cribles plats, carrés, à trame de plus en plus fine, placés les uns au-dessus des autres, pour qu'en secouant les cribles après avoir versé le minerai concassé dans le crible supérieur dont la toile mécanique avait les trous les plus larges ou la trame la plus lâche, ce minerai passât en partie dans le deuxième crible, puis dans le troisième et le quatrième, en se plaçant par grosseurs jusqu'au dernier, qui ne laisse passer que les grains d'une extrême petitesse.

M. Givor n'avait destiné ce procédé de criblage qu'aux sables aurifères, et la disposition horizontale donnée aux cribles avait le grand inconvénient de nécessiter une perte de temps notable pour vider les cribles à chaque opération, classant à peine un double décalitre de sable à la fois, à cause du peu d'étendue donnée aux cribles.

Nous avons remédié à ces inconvénients en employant des cribles beaucoup plus larges et deux fois plus longs, suspendus à une charpente au moyen de fortes chaînes. (Planche VIII, fig. 3.) Ces cribles sont placés au-dessus les uns des autres, mais fortement inclinés, de manière à ce que, lorsque l'on vide le minerai sur la partie la plus élevée des cribles à plein wagon en M', et qu'on agite les cribles en les frappant contre le pieu I planté en terre et libre par sa partie supérieure, le minerai se divise sur chaque crible et se classe en tombant dans une case particulière, à cause de l'inclinaison des cribles ; les plus gros morceaux, ou les refus du crible supérieur, à mailles les plus larges, tombent dans la case n° 1 ; ceux qui ont traversé les mailles du premier crible sans pouvoir traverser le second, roulent au deuxième; les sables plus fins, qui ont traversé le second crible et sont refusés par le troisième, roulent dans la case n° 3, et enfin les schlamms ou sables très-fins tombent au-dessous du dernier tamis ou quatrième. Le pieu I répond aux secousses des cribles par son élasticité, ce qui évite l'ébranlement de la charpente où s'attachent les chaînes qui suspendent les cribles. Ces appareils suffisent pour classer les menuailles des mines ; ils peuvent agir à sec ou avec un courant d'eau qui servirait à faire un débourbage primitif; ils sont très-bien pour un classement grossier des gros sables ; mais pour les sables fins ou les schlamms, il est nécessaire d'employer les cribles classeurs cylindriques, triples ou quadruples (pl. VIII, fig. 1 et 2) à toiles métalliques, percées de trous circulaires ou à mailles de moins en moins larges pour chaque crible, du centre à la circonférence. Au lieu d'être suspendus par des chaînes, comme notre système de cribles plats et inclinés, ils sont fixés sur un axe en fer A B, supporté en C dans une coulisse, mais s'appuyant en D sur un galet mobile, à cause de l'inclinaison plus ou moins forte qu'on peut donner aux tamis, en abaissant ou élevant cette extrémité de l'axe médian. Les minerais sont jetés à pleines brouettes M, et aussi rapidement que les manœuvres N peuvent se succéder. L'axe et le système de cribles tournent par la manivelle F, ou au moyen de l'engrenage F' ; et de plus, ils sont agités par les secousses que fait éprouver aux cribles le taquet D. Celui-ci en tournant soulève la roue à douze dents H, et la laisse retomber douze fois à chaque tour, en produisant ainsi douze secousses brusques, qui facilitent le tamisage des minerais. Nous conseillons et nous donnons la préférence à ce système de cribles cylindriques inclinés et concentriques, dont l'intérieur est le plus long sur l'axe, et le plus étroit en diamètre, et dont l'extérieur est le plus large en diamètre et le plus court dans le sens de l'axe. Il nous paraît beaucoup plus rationnel et plus convenable pour le classement des minerais fins, car les trames des tissus métalliques de chaque tamis diminuant d'ouverture pour laisser passer les minerais de plus en plus fins, et offrant de moins en moins d'espace libre, puisque le nombre de fils augmente, il était nécessaire que l'espace en surface augmentât aussi ; autrement les tamis fins n'auraient pas laissé passer facilement tous les grains de sables de grosseur correspondante à leur numéro, et le classement n'aurait pas été distinct ; tandis qu'avec cette disposition tous les minerais broyés, jetés dans le crible central, se classent si exactement, qu'on peut les recueillir dans chaque case 1, 2, 3 et 4, pour les porter aux machines laveuses, ou plutôt aux tubes séparateurs, où ils peuvent être passés successivement.

Lorsqu'on veut classer des schlamms seulement ou des bourbes venant des bassins de réception, il est utile que ces minerais fins soient *secs et en poudre*. Dans ce cas, pour éviter la perte due à la dispersion des poussières, on a le soin de placer le système de cribles dans une cage ou chambre en bois, P, Q, R, S, fig. 2, pl. VIII, dont on ouvre seulement les portes 1, 2, 3 et 4, pour retirer les divers minerais. Dans ce cas aussi on emploie souvent des toiles de fil ou de soie, à la place des toiles métalliques en cuivre, laiton, fer ou fer galvanisé, qu'on préfère d'ailleurs dans les autres cas. En général, nous préférons les tôles percées circulairement pour le tamisage et le classement des gros sables traités soit à sec, soit à l'aide de l'eau, parce que ces tôles s'usent moins vite et résistent mieux à l'action contondante des gros grains, et surtout parce qu'elles ne laissent passer que des grains plus arrondis et plus égaux en volume, sinon parfaitement sphéroïdaux; tandis que les toiles métalliques, quelle que soit la perfection de leur trame, laissent plus souvent passer des grains irréguliers, plats ou allongés, et dès qu'une déchirure est faite sur un point, elle s'étend et gagne vite au point de troubler l'opération.

Il était aussi admis autrefois que dans le broyage on devait s'attacher à n'amener le minerai qu'aux grosseurs de grains les plus fortes que pût comporter une séparation *convenable* de la gangue. Nous conseillons au contraire de s'attacher à broyer le minerai de manière à l'obtenir aussi fin que possible, ou du moins en grains plus fins que n'est dans chaque nature de minerai la plus petite parcelle minérale disséminée dans la gangue, ou de gangue intercalée dans la matière minérale utile. Car les appareils nouveaux étant des séparateurs et non des laveurs, séparent et enrichissent d'autant plus les minerais que les grains qu'on y projette ou qu'on y soumet à l'action de la pesanteur sont plus homogènes, composés uniquement de gangue ou de matière minérale, quelque volume qu'ils aient d'ailleurs, pourvu qu'ils soient égaux et assez fins, par conséquent, pour que ces diverses natures de matière soient isolées mécaniquement.

Voici d'ailleurs ce qui se fait en général dans toutes les mines : après avoir soumis les minerais extraits, triés et choisis à l'action des bocards ou des broyeurs, on reçoit les sables métallifères et les bourbes ou schlamms dans une suite de chéneaux ou rigoles formant labyrinthe (voir planche I, fig. 1, 2 et 3) ; puis, dans une série de fosses ou bassins. Le courant d'eau sortant des bocards entraîne ces matières plus ou moins, d'après leur teneur en minerai et la grosseur des grains. On reprend ensuite ces sables ou ces schlamms pour les soumettre à un débourbage et à un lavage dans des caisses longues ou des tables plus ou moins inclinées (planche IV, fig. 1 à 4), qui reçoivent un courant d'eau. Les parties stériles, spécifiquement plus légères, sont entraînées par cette eau, à laquelle elles opposent moins de résistance; tandis que le minerai plus pesant se concentre de plus en plus dans le dépôt qui reste à la tête des tables ou au fond des caisses à secousses (voir planche IV, fig. 4, 5 et 6). On varie beaucoup les formes de ces tables ou de ces caisses suivant les circonstances et les natures diverses des minerais et des gangues, ou leurs états réciproques.

Le succès de ce travail dépend de l'habileté des ouvriers et de l'attention qu'ils portent à diriger convenablement les courants d'eau. Si cette eau est dirigée sans surveillance et sans soins, la perte de minerai peut être immense : tantôt de 15 à 20 0/0, elle peut être portée à 50 0/0. Il y a de quoi effrayer ou désespérer les chefs d'exploitation ou les producteurs, en voyant comment tout le bénéfice peut ainsi s'enfuir emporté par les eaux. Mais nos nouveaux moyens vont les consoler et se charger d'augmenter leurs bénéfices; ne serait-ce que de la partie perdue actuellement, le bénéfice serait bien suffisant; mais ce sera mieux encore, car le travail est moins coûteux par le nouveau système.

Pour nous rendre compte de l'importance de cette perte évitée, voyons ce qu'est par exemple cette perte forcée pendant les lavages ordinaires des schlamms : on sait que le minerai est toujours réduit par les bocards ou les cylindres broyeurs en grains bien plus fins que ceux de la gangue stérile, à cause de l'aigreur et de la fragilité plus grandes dans la matière métallifère que dans la gangue. Dans les bocards il y a même une raison de plus qui fait réduire en grains plus fins les matières métallifères, c'est qu'au lieu de couler simplement entre les cylindres, le minerai broyé devant passer à travers une grille sur laquelle l'eau le projette, à cause de sa plus grande densité, le minerai riche passe moins facilement et reste plus longtemps sous l'action des pilons. Plus est fine cette poudre minérale, plus l'eau en emporte dans le courant des lavages. Dans certains minéraux, tels que les sulfures d'argent, par exemple, la matière se réduisant en paillettes ou en écailles, l'eau les emporte encore plus facilement, à cause de leur plus large surface. On a beau prendre toutes les précautions possibles, c'est un mal inévitable. Ainsi, dans les mines de plomb argentifère de Poullaouen, on a retrouvé des boues très-argentifères à près de 2 kilomètres des ateliers de lavage et de concentration des minerais. Tous les anciens moyens de lavage employés jusqu'à ce jour sont donc imparfaits ou mauvais.

Mais, heureusement, nous pouvons donner aujourd'hui aux industriels un nouveau procédé qui leur permettra de produire cent fois plus à la fois dans le même temps et avec la même dépense de main-d'œuvre. Comme on faisait par pelletées avant ce nouveau procédé, on fera à l'avenir par tonnes, et l'art des mines pourra dès lors surmonter toutes les éventualités par des bénéfices importants dans presque toutes les circonstances possibles.

Le traitement ou la préparation des minerais en général se divise en deux : le traitement *mécanique*, par les broyages et les lavages, et le traitement *chimique*, par l'action des agents chimiques : les acides, les dissolvants, le mercure, le charbon, etc., avec l'action de l'électricité ou de la chaleur.

Le traitement *mécanique* consiste dans des opérations diverses, qui ont pour but de diviser les molécules des minerais métallifères au moyen d'appareils casseurs ou broyeurs, de manière à ce que les parcelles de matière pierreuse ou stérile puissent être séparées, par les lavages, des parcelles métalliques, presque toujours plus lourdes que les matières inutiles. Ce traitement se fait aux ateliers; il ne s'applique qu'aux minerais contenant des métaux à l'état pur ou combiné mêlés à beaucoup de gangue.

Tandis que le traitement *chimique* consiste en des opérations diverses, ayant pour but d'attaquer les minerais par des agents chimiques capables de s'emparer des matières métalliques précieuses mêlées à de petites quantités de gangues ou matières pierreuses et terreuses stériles. Ces agents chimiques, n'attaquant pas ces matières inutiles dans les mêmes conditions, opèrent la division en entraînant les métaux. Ce traitement constitue la métallurgie.

Ainsi les minerais en général, ceux de cuivre et d'or en particulier, contiennent le métal, tantôt à l'état natif et en grains plus ou moins visibles à l'œil, tantôt ils le contiennent à l'état de combinaison chimique plus ou moins simple, mais presque toujours invisible à l'œil et même à la loupe.

Dans le premier cas, le traitement mécanique est suffisant, et par les appareils broyeurs et laveurs on peut et on doit obtenir tout le cuivre et l'or contenus ou disséminés dans les minerais.

Tandis que dans le second cas, lorsque les minerais contiennent aussi du cuivre, de l'or, etc., à l'état de combinaison chimique, et forment des composés plus ou moins discernables à l'œil, il est de toute nécessité d'employer le traitement chimique.

Traitement des minerais par les procédés mécaniques.

Les minerais se trouvent dans la nature tantôt en sables et tantôt en filons ou dépôts massifs. Si les minerais sont en filons ou en masse plus ou moins compacte et dure, la première chose à faire est de les diviser et de les réduire en sable au moyen de bocards ou de broyeurs cylindriques et autres.

Une fois réduits en sables artificiels, on traite les minerais comme ceux que la nature nous donne à l'état de sables naturels, et tout ce que nous allons dire des divers systèmes de préparation mécanique s'applique également à ces deux espèces de sable.

Ainsi, toujours il faudra : 1° les *débourber* et les classer par grosseurs diverses ; 2° les *laver*, en soumettant successivement ces sables de diverses grosseurs aux appareils laveurs ; 3° les *concentrer* à part pour obtenir les parties riches à l'état marchand.

Ces diverses opérations de lavage, en soumettant les minerais divisés à l'action de l'eau, ont pour but de séparer les parties métalliques des parties stériles ; et ce résultat s'obtient vite et très-économiquement, en vertu de cette loi physique, qui fait que les corps les plus légers ou matières terreuses et pierreuses stériles sont entraînés les premiers par le courant de l'eau, et que les plus lourds ou les parties métalliques utiles restent dans les appareils.

L'expérience nous a démontré que pour arriver économiquement et promptement à ce résultat il fallait subdiviser les opérations de lavage en trois, savoir :

1° Le *débourbage* est le premier lavage à grande eau dans des cribles longs et inclinés, plats, rectangulaires ou cylindriques, doubles (planche V, fig. 1 et 2), ou multiples (planche VIII, fig. 3). Les parties sablonneuses contenant plus ou moins de matière minérale, qu'elles viennent directement de la mine, à l'état de menuaille ou des broyeurs qui les ont divisées, se classent par grosseurs diverses, pendant que l'eau emporte les parties terreuses, légères et stériles loin dans le courant. Toutes ces parties sont transportées isolément à des appareils appropriés : les unes, dites *refus de cribles*, trop volumineuses et métallifères, seront rebroyées après un nouveau triage, rendu plus facile parce que l'eau du débourbage a fait mieux voir les parties métallifères ; les autres, en *gros sables lourds*, sont déposées près des lavoirs, et les dernières, en *sables fins*, mais pesants aussi, sont portées un peu plus loin, de manière à ce que les *gros sables* et les *sables fins* puissent passer isolément aux lavoirs proprement dit. Au lieu de ces cribles multiples, on peut aussi employer avantageusement les *caissons longs* à gradins ou à chutes d'eau successives, avec un fort courant, mais le travail n'est pas aussi parfait. Les minerais se trouvent aussi bien débarrassés de la terre et de la boue, mais ils ne sont pas aussi bien classés que par les cribles ; sans compter qu'ils laisseraient perdre beaucoup de minerai, si on n'avait soin de faire passer le courant d'eau qui en sort dans des labyrinthes et des bassins de réception où viennent se déposer les sables fins et les schlamms entraînés.

2° Le *lavage* est l'opération par laquelle les sables de grosseur uniforme sont passés successivement et isolément à l'action de courants d'eau abondante et plus ou moins rapide, suivant la grosseur et la richesse de ces sables ; de telle façon que les sables les plus légers ou stériles sont entraînés hors des lavoirs circulaires ou *round-bulls* (planche V, fig. 3 et 4) et des appareils de la planche IV. En peu de temps il ne reste que les matières sablonneuses, lourdes et plus ou moins enrichies à la tête ou au centre des lavoirs, d'où on les retire pour les porter aux appareils de concentration. Si les sables qui restent ainsi ne paraissent pas assez riches dès la première fois, on les repasse une autre fois au même lavoir pour les enrichir davantage. Ces opérations de lavage peuvent aussi se faire dans des tables circulaires, des lavoirs à tête et des caisses longues; mais il faut beaucoup plus de main-d'œuvre, et comme on produit moins de matière dans la journée, cela devient plus coûteux.

3° La *concentration* des minerais est l'opération qui consiste à soumettre les sables déjà lavés et plus ou moins enrichis à un nouveau lavage avec peu d'eau ou de l'eau dormante, de manière à séparer les parties métalliques riches qu'on retient à la tête ou au fond des appareils divers, dans les caisses à secousses, les tables à secousses, ou mieux dans les tubes séparateurs, tout en conduisant plus loin les parties pauvres qui, une fois isolées, sont en partie jetées, en partie reprises et remises dans les appareils de lavage de la deuxième opération pour être relavées avec les matières nouvelles, et ainsi de suite *pour ne rien perdre*.

Ces deux opérations anciennes du *lavage* et de la *concentration* sont remplacées dans les nouveaux systèmes de préparation des minerais par une opération unique dans les appareils séparateurs.

Quant au *débourbage ancien*, il est remplacé par l'opération des *cribles classeurs*.

§ II. Ancien système.

Appareils anciens et précautions à prendre pour bien exécuter les opérations avec économie d'argent, de temps et de main-d'œuvre.

Il va sans dire que la première opération à laquelle sont soumis les minerais de mine doit être le cassage à la masse et au marteau, qui permet de les trier ou choisir, pour ne soumettre aux appareils broyeurs que les parties qui en valent la peine, et rejeter le reste.

Le cassage à la masse de tous les minerais sortis de la mine en gros blocs se fait par des hommes qui ont le soin de mettre de côté tout ce qui paraît stérile. Des femmes reprennent les parties choisies par les hommes et, en les cassant au marteau, font un triage soigné et intelligent, au moyen duquel, tout en ne perdant rien, on est sûr de ne soumettre à l'action du bocard ou des cylindres que les minerais suffisamment riches pour dédommager de cette opération, en général onéreuse, à cause du prix des machines et des forces motrices qu'on y emploie.

Lorsque cette opération de cassage et de triage se fait à la main, elle se fait à sec et le plus souvent à la sortie de la mine, pour ne pas donner le temps aux minerais bruts de se ternir davantage ou de se salir, et aussi pour éviter le transport des parties stériles. Mais, en général, à la sortie du puits on soumet les menus de la mine à un débourbage à l'eau, sur les toiles métalliques.

Si le cassage se fait par des machines, on a le soin d'humecter le minerai par un peu d'eau pour éviter les poussières qui seraient autant de pertes. Dans ce cas l'opération se fait à l'usine.

Nous représentons planche I, fig. 1, une vue d'usine anglaise qui nous servira de modèle parce qu'elle est parfaitement établie et avec économie. Le bâtiment A, au centre, contient la machine à vapeur; le volant de la machine s'aperçoit au dehors, et les chaudières sont placées dans un bâtiment moins élevé, en arrière, près des réservoirs à eau. A droite et à gauche sont deux bâtiments en charpente, servant de hangars pour couvrir les bocards en B, et les cylindres broyeurs en C. Au niveau du toit de ces hangars passe un chemin de fer LL, supporté par des poteaux II, en communication avec les puits d'extraction, et d'où le minerai est versé dans les broyeurs à leur portée.

La charpente qui soutient le chemin de fer sert à soutenir aussi un conduit d'eau nécessaire au service des bocards et de l'usine. Un peu plus loin, sur les côtés, sont les diverses qualités de sables classés par les appareils débourbeurs et cribles classeurs plats ou cylindriques; soit qu'on les ait classés humides à l'aide d'un courant d'eau dans le tamis, soit qu'on les ait laissés un certain temps au vent et au soleil pour ne les classer que lorsqu'ils sont secs.

Division mécanique des minerais par les broyeurs : les bocards, les cylindres broyeurs et les meules.

1° Les *bocards* doivent être installés à la partie supérieure d'un atelier, planche I, fig. 1, 2 et 3; les batteries forment une ligne horizontale et en avant des grands arbres à cames qui leur impriment le mouvement reçu de la machine à vapeur ou de la roue motrice hydraulique.

En arrière des batteries, à un niveau de 2 à 3 mètres plus élevé, doit être établi un chemin de fer pour l'arrivée du minerai, qui est versé directement du wagon dans les trémies à fond incliné M, planche 1, fig. 3; la matière descend sous les pilons par son propre poids, par les vibrations de l'ensemble ou le choc du pilon médian sur le fond incliné, et par l'action du courant d'eau qui tombe sur le minerai en allant sous les pilons. Le minerai sortd e la boite des pilons à l'état de sable délayé par ce courant d'eau à travers des grilles placées à la face antérieure ou sur les côtés. Les eaux chargées de sable coulent sur un plan incliné et dans les canaux de dépôt KK, où s'accumulent les gros sables, et puis dans les labyrinthes L L, où s'arrêtent les sables fins; les bourbes, ou schlamms, vont se déposer au bassin de réception.

Les batteries des bocards sont divisées en boîtes de trois à cinq flèches; nous décrivons de préférence celle de quatre flèches et quatre pilons, généralemeut employée pour les minerais à broyer fin. Les pilons s'élèvent de 20 à 35 centimètres et retombent successivement en écrasant le minerai et projetant vers les grilles le sable boueux formé.

La boîte où se meuvent les pilons est formée de fortes planches de chêne garnies à l'intérieur de plaques en fonte; elle est recouverte d'une planche découpée de manière à laisser passer les tiges des pilons. Un bocard peut être formé de trois, quatre ou vingt-cinq boîtes pareilles, et chaque boîte correspond à un caisson de dépôt communiquant avec le labyrinthe.

En Allemagne, on fait quelquefois fonctionner un bocard à sec; dans ce cas, le nombre des pilons est moindre, la sole est inclinée en avant et il n'y a pas de grille; le minerai broyé est retiré par un ouvrier, à la pelle. On se sert de ces appareils plutôt pour concasser le minerai que pour le broyer. L'ouvrier y projette seulement un peu d'eau pour humecter les matières et empêcher les poussières.

2° Les *cylindres broyeurs*, planche II, fig. 1 à 6, sont des machines servant à écraser les minerais au moyen de deux cylindres en fonte dure ou en acier, placés parallèlement l'un à l'autre, opposés, et tournant en sens inverse. Ces cylindres doivent être formés d'un axe carré ou hexagonal en fer soutenant un manchon en fonte très-dure ou en acier, ce qui permet de renouveler aisément la partie qui s'use. Tantôt ces broyeurs sont composés, fig. 1 et 2, de quatre cylindres : deux plus gros, B B', cannelés à leur surface *b b'*, appelés dégrossisseurs, et de deux autres petits C C', à surface cylindrique unie *c c'*, appelés cylindres finisseurs.

Ils sont soutenus par une charpente puissante G G', H H', II', et maintenus par de puissants coussinets en fer, K K'. Ils sont alors mis en mouvement au moyen de deux volants poulies E F, qui leur transmettent le mouvement d'une roue hydraulique ou d'une machine à vapeur. L'appareil est couvert d'une cage en bois extérieure qui évite la perte des poussières. Les minerais versés en A sont écrasés par les cylindres B B' et tombent en D, où les cylindres C C' finissent de broyer les parties qui n'ont pas été réduites en assez petites parcelles.

D'autres fois les broyeurs sont composés d'un seule paire de cylindres, fig. 3 et 4. Dans ce cas l'écartement des deux cylindres n'est pas fixé et déterminé : un seul des deux cylindres C se trouve arrêté par son coussinet immobile B, et tourne sur son axe pendant que le cylindre C', tout en tournant sur son axe et soutenu par les deux demi-coussinets B' B' est poussé contre le cylindre fixe au moyen des leviers coudés L L' et des contre poids P. L'engrenage F F' transmet le mouvement au cylindre fixe, et si le minerai versé en A n'est pas complétement broyé aussi fin qu'on le désire, ce minerai tombe au-dessous dans un crible classeur *a b d d'* (fig. 5 et 6) qui laisse passer les minerais assez fin, tandis que ses refus tombent dans les cases *m*, *m*, *m*, d'une roue élévatrice R R qui, en tournant avec l'axe du cylindre C, vient verser sur le plancher supérieur M M' le minerai échappé à l'action des cylindres et qui, en tombant dans la trémie A, doit repasser sous les broyeurs. Au lieu d'une roue élévatrice, on adapte parfois à ces cylindres une chaîne à godets qui remplit le même office.

Ces cylindres broyeurs font beaucoup d'ouvrage et fournissent moins de schlamms que les bocards, et plus aisément des grenailles uniformes et du volume qu'on désire.

Suivant la dimension des grenailles qu'on veut obtenir, on place entre les coussinets des deux cylindres une cale en fonte qui en détermine l'intervalle; le coussinet du cylindre mobile vient s'appuyer sur cette cale, mais n'y est maintenu que par l'action des leviers coudés chargés des contre-poids proportionnés à la nature et à la dureté des minerais à broyer. Lorsqu'un morceau de minerai trop gros ou trop dur s'engage entre les deux cylindres, le cylindre mobile s'écarte et revient à sa place dès que ce fragment a passé, sans qu'il puisse y avoir d'accident causé par cela à l'appareil. Cependant ces contre-poids ont l'inconvénient de ramener brusquement et par une vive secousse le cylindre mobile à sa place ; c'est ce qui a fait adopter quelquefois un ressort en fer, acier, ou même en planches, placé derrière le coussinet mobile.

Les dimensions des cylindres broyeurs varient beaucoup, de $0^m,30$ à $0^m,50$ de longueur avec un diamètre de $0^m,15$ à $0^m,85$. La vitesse est inverse au diamètre ; on leur fait faire de 15 à 150 tours par minute. Ainsi dans le même appareil les cylindres *dégrossisseurs* ou *concasseurs* tournent moins rapidement que les cylindres finisseurs ou cylindres à schlamms. Dans ce dernier cas même, si l'on veut des poudres très-fines, on donne aux cylindres un léger mouvement alternatif de va-et-vient dans le sens de l'axe.

La durée des cylindres broyeurs varie beaucoup et dépend de la dureté du minerai broyé et de la vitesse avec laquelle ils ont fonctionné.

Pendant le broyage on a le soin d'arroser de temps en temps les cylindres avec un peu d'eau pour éviter leur échauffement et abattre la poussière.

Le travail fait par une paire de cylindres varie aussi beaucoup et dépend de leurs dimensions, de la force motrice qui y est appliquée, et de la nature du minerai ; mais on peut facilement broyer de 10 à 20,000 kilogrammes par jour.

Les cylindres broyeurs sont préférés aux bocards presque partout aujourd'hui, à cause de leur construction et de leur jeu plus simple, et aussi parce qu'ils produisent moins de menu, et opèrent sans les courants d'eau, qui occasionnent des pertes si notables par les bocards. Les circonstances dans lesquelles on doit préférer les bocards sont très-rares, et ils font rarement un travail économique. Ils ne peuvent rendre de bons services que lorsque les gangues sont très-dures et détériorent rapidement les cylindres, ou lorsque sous le choc des pilons une des matières à séparer se conduit autrement que les autres, en se réduisant plus aisément en poudre fine. Pourtant les bocards auront toujours le grave inconvénient de retenir parfois plus longtemps qu'il ne le faut le minerai sous l'action des pilons, d'où il ne peut être entraîné assez rapidement à cause de sa plus grande pesanteur et passe à l'état de schlamms, tandis qu'il coulerait des cylindres aussitôt broyé.

3° Les *meules broyeuses* (planche V, fig. 5 et 6) ont été très-anciennement employées chez les Romains, bien longtemps avant les bocards et les cylindres ; on s'en servait pour le traitement des minerais sur la mine ; mais aujourd'hui on ne les emploie guère que pour le broyage fin nécessaire au grillage ou au traitement métallurgique de quelques minerais dans les usines.

Les anciens employaient de préférence les meules sur plat comme celles des moulins à farine de blé qu'il est inutile de décrire ici. Mais de nos jours on préfère les moulins à meules volantes tournant sur champ, au-dessus d'une table en fonte A A à rebords B B établie sur une maçonnerie très-solide. Au centre de cette table est un arbre vertical P dont l'extrémité inférieure tourne dans une crapaudine O, et qui porte à son extrémité supérieure un engrenage conique par lequel se transmet le mouvement. Cet arbre est traversé perpendiculairement par l'axe DD, aux extrémités duquel sont fixées les deux meules MM tournant sur elles-mêmes. Ces meules ont de 1 ,50 à 2 mètres de diamètre, sur une épaisseur de 30 à 50 centimètres. Elles sont en pierre dure ou en fonte, et alors formées d'une partie centrale portée par l'axe, et d'un anneau de 10 centimètres d'épaisseur, fixé par des cales en bois comme les anneaux des cylindres broyeurs, pour pouvoir les changer dès qu'ils sont usés ; ces anneaux sont en fonte très-dure ou en acier.

On a le soin de fixer les deux meules à des distances différentes sur leur axe, de sorte que leurs traces sur le plan de la table ne se superposent pas et qu'elles agissent sur une plus grande surface, concentrique, mais à rayons différents.

Le minerai est jeté à la pelle sur la table, et lorsqu'il est broyé on le retire de même et on le passe dans un crible pour en rejeter les refus sous les meules, et porter le reste aux lavoirs ou aux appareils séparateurs. M. Paquot, directeur des usines de la Vieille-Montagne, a imaginé une disposition très-ingénieuse par laquelle le mouvement de l'appareil peut effectuer ce triage au moyen d'une chaîne à godets qui ramasse le minerai pour le verser dans un bluttoir, où celui qui est broyé se sépare de celui qui ne l'est pas encore assez.

Lavage des minerais et séparation de leurs gangues, par les appareils laveurs.

Une fois que le minerai trié à sec ou par le débourbage est broyé, on le dirige vers les appareils de lavage et de concentration.

Pour éviter la main-d'œuvre du transport, on doit avoir soin de placer ces appareils de lavage à un niveau inférieur de 2 mètres environ à celui des machines broyeuses, de manière à ce que le courant d'eau que l'on projette sur les minerais au moment où on les broye ou bien après les avoir broyés, puisse les entraîner par la pente du courant. D'ailleurs, une grille placée en avant des bocards, ou un crible, planche I, figure 3, placé au-dessous des broyeurs, n'en laisse sortir que les sables suffisamment divisés.

Pour débourber et classer les minerais broyés à l'état de sables, on peut les recevoir dans des caissons carrés longs de $0^m,60$ de largeur, sur $1^m,50$ de longueur et 1 mètre de profondeur. Ces caissons en bois ont un double fond. Une grille en fer plus ou moins fine, placée à moitié profondeur et sur la moitié de l'étendue de ces caissons, ne laisse passer que les sables fins en retenant les gros sables, qu'on sépare ainsi pour les laver à part aussitôt que le courant d'eau a entraîné la terre ou la boue.

Mais ce système de débourbage, quoique simple et ne nécessi-

tant que la surveillance d'un homme pour deux caissons, n'est pas très-parfait. Il fait peu d'ouvrage et manque du mouvement nécessaire à cette opération pour qu'elle soit fructueuse. Si, pour obvier à cet inconvénient, on soumet ces caissons, ou tout au moins la grille supérieure, à un mouvement de secousse par le choc des pilons ou la rotation des cylindres, c'est autant de complication et de force perdue pour les broyeurs.

Le meilleur appareil de débourbage est le *crible classeur*, *multiple*, *double* ou *triple :* il fonctionne au moyen de trois personnes. Seulement il peut s'appliquer aussi bien aux sables naturels qu'aux minerais broyés par les machines. Il consiste en un crible cylindrique double, planche V, figures 1 et 2, de la longueur de 2 mètres, et d'un diamètre de 80 centimètres pour le crible extérieur à toile fine, et 60 centimètres pour le crible intérieur à toile à mailles larges. Ce crible est incliné sur le sol à 30 degrés. Un homme lui donne un mouvement de rotation lent et continu, au moyen de la manivelle D, et comme les sables et l'eau arrivent dans le crible par la rigole A et par un homme qui jette du minerai en M, ce minerai brut est entraîné dans le crible central, et en descendant, se trouve tamisé de telle façon, que les gros morceaux ou refus du crible sont portés en V, les gros sables tombent en M', et les sables fins, traversant aussi le crible extérieur, tombent en M''. Des sables plus fins, mais encore métalliques, sont entraînés par le courant d'eau dans la rigole E, mais s'arrêtent par leur poids dans le caisson F.

Un troisième ouvrier est chargé de retirer au fur et à mesure les sables gros M' et les sables fins M'' pour les jeter aux deux lavoirs circulaires, s'ils sont placés à côté sur un plan inférieur. Dans le cas où les lavoirs seraient placés à une certaine distance, il faudrait une ou deux personnes pour y transporter les minerais débourbés par cet appareil, car il fonctionne très-rapidement et fait beaucoup d'ouvrage. Il peut servir à passer 20,000 kilog. de sable par jour, c'est-à-dire débourber tous les sables broyés par un bocard et un cylindre broyeur.

Lorsqu'on veut *classer* les minerais avec plus de soin, au lieu d'un crible double on emploie le crible triple ou quadruple, plat ou cylindrique (planche VIII, figures 1, 2 et 3), qui classent bien plus exactement et font beaucoup plus d'ouvrage, tandis que les appareils allemands, tels que les lavoirs à cribles *en gradins*, à cribles *de friction*, à cribles *à bascule*, à cribles *à secousses, à tourbillon d'eau, le cône débourbeur*, etc., ne font pas un dixième de l'ouvrage de nos cribles circulaires multiples ou *trommels* de débourbages perfectionnés. Ils sont tous beaucoup plus coûteux à établir et à faire fonctionner. Et nous pouvons dire que notre système de cribles cylindriques si simples peut remplacer les divers trommels allemands si nombreux et si variés : de Schemnitz, de Silésie ; hexagonal, de Corphalie, du Hartz, si compliqués, si sujets à se déranger et n'opérant pas mieux pour cela. Dans toutes ces inventions si diverses, décrites dans notre manuel pratique, on a oublié que la simplicité dans les appareils employés dans les mines était la première qualité qui les rendait industriels et utilement applicables dans la plupart des cas, et que la main-d'œuvre, ainsi que les forces motrices, sont très-coûteuses et très-onéreuses, si les appareils font peu d'ouvrage ou un travail inutile et incomplet.

Mais, ne l'oublions pas, la cause principale pour laquelle on s'est ingénié à inventer tant de variétés de systèmes débourbeurs, tenait à ce que, lorsqu'on n'avait pas de bons moyens de lavages, on voulait éviter les plus grandes pertes, en ne broyant et ne lavant qu'une faible partie des produits des mines, et on les débourbait avec le plus grand soin pour arriver à un triage soigné, si nécessaire dans cet état de choses.

Aujourd'hui que les moyens de lavages vont être sinon parfaits, du moins beaucoup plus convenables, faciles et rapides et aussi sûrs que peu coûteux, sachant qu'on n'est plus exposé à des pertes, on n'aura besoin que d'un débourbage utile au triage ordinaire des minerais et des menus de mine, pour rejeter les morceaux qui ne contiennent que de la gangue, et choisir ceux qui contiennent la moindre parcelle métallifère. On se décidera à envoyer aux bocards divers et aux cylindres broyeurs les plus grandes parties des minerais extraits riches ou pauvres, car il ne sera pas plus coûteux ni plus dangereux de laver dix fois plus de matière. La loi de la pesanteur agissant toujours dans ces appareils laveurs pour séparer d'une manière invariable les parties utiles, on est sûr d'obtenir un résultat aussi fixe et absolu que la loi naturelle qui le donne.

Les lavages peuvent se faire par des lavoirs à tête, qui sont un des meilleurs moyens anciens, mais qui font peu d'ouvrage et doivent être servis par des femmes ou des ouvriers très-soigneux et très-intelligents (planche IV, fig. 1, 2 et 3). Ce moyen est dangereux pour la concentration des minerais riches, très-fins, qu'on appelle les schlamms, entraînés par les eaux bourbeuses et déposés dans des bassins de réception ; il laisse perdre beaucoup de matière utile. La plupart de ces appareils sont très-délicats à manier, à servir et à exécuter ; les dimensions et les pentes doivent être calculées avec un soin inouï, et l'ouvrier qui les fait fonctionner doit porter une grande attention à modérer, activer et maîtriser le courant d'eau en A, tantôt pour l'amener sur le lavoir M' N, après avoir délayé le minerai en M', et tantôt pour le faire tomber en arrière de la planche mobile C D hors du lavoir.

Les lavages des gros sables peuvent se faire aussi par des lavoirs en caisses longues, larges et profondes de $0^{m},60$, ayant une longueur de 4 à 5 mètres. On y emploie un fort courant d'eau qui agite le minerai versé à pleines pelles à la tête du lavoir, et en peu de temps le minerai est lavé : le lourd et le plus métallifère reste à la tête du lavoir ; le minerai léger est entraîné vers le milieu du lavoir ou dans le caisson placé en F, à la suite du lavoir, et beaucoup plus profondément enfoncé en terre (planche IV, fig. 1 à 4). La boue et les sables légers ou stériles sont emportés par l'eau dans le conduit E.

Mais ce moyen est peu régulier et peu sûr ; on est obligé de repasser plusieurs fois les mêmes sables ; il n'est bon que pour des minerais très-pauvres avec lesquels on ne craint pas de perdre des matières précieuses.

Les meilleurs appareils pour les lavages proprement dits sont les lavoirs mécaniques circulaires, inventés depuis peu d'années par un contre-maître dirigeant les exploitations minières de MM. Tayor en Cornouailles : ils donnent des résultats suffisants dès qu'on agit sur les sables débourbés et classés en grosseurs uniformes. Ce sont des caisses circulaires en bois ou en maçonnerie cimentées, enfouies en terre, d'une profondeur de $0^m,60$ et d'un diamètre de trois mètres; au centre est une pièce de fonte conique ayant $0^m,60$ de hauteur, et $0^m,30$ de diamètre à la base. Le sommet en pointe P reçoit une tige perpendiculaire qui porte les engrenages, terminée en crapaudine d'acier O, pour permettre le mouvement circulaire du mécanisme (planche V, fig. 3 et 4).

Cette tige verticale V O porte à son extrémité la roue à dents qui lui donne le mouvement de l'axe général F F', mais porte aussi au tiers supérieur une autre roue à dents IK, qui sert à donner le mouvement au crible à patouillet d'où vient le minerai M M' M'', entraîné par l'eau dans les rigoles M M'.

Cette tige verticale porte enfin à son extrémité inférieure, un peu au-dessus de la crapaudine O, une boîte en fonte percée pour laisser passer le minerai arrivant par les rigoles M, M', et à laquelle viennent se fixer les brosses RR, R'R', qui agitent et régularisent le minerai sur le sol du fond des lavoirs.

Le minerai reçu par la boîte en fonte RR', entraîné et délayé par l'eau sur le cône de fonte du bassin, s'y trouve lavé continuellement et séparé très-régulièrement. La boue et les matières terreuses, légères, presque stériles, sortent du bassin par la rigole QQ'; les sables légers presque stériles sont placés au pourtour des bassins, à l'extrémité des rayons, d'où on les retire pour les repasser aux lavoirs une autre fois, avec du minerai brut de la même grosseur, et enfin les sables lourds, métallifères, riches, se déposent au centre du bassin, près du cône de fonte ou à la tête des lavoirs.

On enlève deux à trois fois par jour ces sables de la tête du lavoir, ou toutes les fois que ce lavoir est plein à $0^m,40$, et on les transporte aux appareils à concentration, où ils doivent être assez enrichis pour les porter au magasin des minerais marchands.

Il faut avoir soin de donner au mécanisme un mouvement de rotation très-lent et très-uniforme, et le surveillant qui sert le lavoir doit élever le niveau des brosses au fur et à mesure de l'arrivée du minerai dans le lavoir, pour qu'elles frottent toujours très-légèrement à la surface des sables et les maintiennent en pente uniforme sur le fond du bassin.

Ce surveillant doit aussi veiller à ce que le minerai et l'eau de la rigole M M' arrivent uniformément et continuellement, sans interruption ni saccades trop rapides.

Deux hommes ou enfants suffisent pour servir ce lavoir : l'un veille à la régularité du mécanisme, aux brosses et au minerai qui se lave; et le second transporte les minerais bruts auprès des caisses à crible à patouillet, et les y verse par pelletées, puis emporte les minerais lavés aux appareils à concentration.

Ces lavoirs peuvent passer quatre à cinq tonnes par jour de sables débourbés, et deux lavoirs lavent tous les sables débourbés par un crible cylindrique double ordinaire.

Les appareils concentrateurs peuvent être des tables tournantes, des cribles à main, des lavoirs à tête, dont la table est souvent recouverte, dans sa première moitié, d'un drap de laine pour mieux fixer et retenir l'or des schlamms les plus fins.

On peut aussi employer des cribles à toiles de cuivre et de fer galvanisé comme les cribles à mains, fixés en carré sur le dessus percé d'une grande caisse de 2 mètres carrés et d'un mètre de haut, pleine d'eau. Les cribles sont fixés en C C' C'' C''' et garnis de minerai; on agite pendant un quart d'heure le plongeur en bois lourd PP'. Ce plongeur soulevé laisse baisser l'eau dans la caisse ; mais en retombant, il la fait refluer sous chaque crible; alors, cette eau déplacée soulève les minerais des cribles, et comme elle baisse immédiatement lorsque le plongeur s'élève de nouveau, les minerais tombent alors sur le fond de chaque crible, en se classant par richesse : les plus lourds et les plus riches se trouvent au fond, et les plus pauvres sont ramassés au-dessus ; on les retire avec des raclettes pour les repasser, et enfin envoyer les résidus aux appareils laveurs, pour ne rien perdre. Le sable contenu dans chaque crible est d'une épaisseur de 6 à 10 centimètres tout au plus, et chaque opération dure un quart d'heure à vingt minutes; après quoi on change les minerais dans les cribles. Cet appareil est bon, mais est difficile à bien conduire et fait peu d'ouvrage; il y a beaucoup de temps perdu pour ajuster les cribles. (Pl. V, fig. 7.)

Le crible à piston, simple ou double (planche V, fig. 8) repose sur le même principe et fonctionne de même. Nous préférons la caisse à secousses (planche IV, fig. 5 et 6), faisant autant que ces quatre cribles. Une fois bien établie, avec un bon modèle, elle est facile à manier ; l'ouvrier surveille mieux ce qu'il fait : il voit continuellement son ouvrage et calcule mieux l'effet des secousses, le degré de vivacité ou de force à leur donner.

Une caisse à secousses se compose d'un caisson de 2 mètres de long sur 0,80 centimètres de large; sortant de terre de 0,40 centimètres, et enfoncée au-dessous du sol de 0,40 ou de moitié. Elle est pleine d'eau, qui ne se renouvelle que par un faible courant à la surface. Dans la caisse plonge une autre caisse plus petite de $1^{m},40$ de long sur 50 centimètres de large, et 25 centimètres de profondeur. Le fond est en toile de cuivre, plus ou moins fine ou large, suivant la grosseur du minerai qu'on veut concentrer.

Cette caisse à fond de toile métallique est suspendue au moyen d'une tige en fer à chaque bout, s'attachant à la caisse par un demi-cercle et trois vis, de manière à se tenir toujours plongée horizontalement dans l'eau de la caisse. L'extrémité supérieure de la tige en fer se trouve soutenue par une cheville dans la mortaise antérieure O O de l'appareil suspenseur et moteur F, F', F'', soutenu lui-même par deux piquets plantés en terre A P.

Le mouvement est donné à cet appareil par une longue tige de 4 à 5 mètres F' F'', qui se fixe à lui au moyen d'un grand clou à tête longue dans la mortaise F, et qu'un ouvrier agite par l'autre extrémité du levier en F'. Ce piquet est soutenu par un piquet en terre P'.

L'homme qui sert cet appareil commence par placer environ 10 centimètres d'épaisseur de minerai lavé dans tout le fond de la caisse, et après en avoir égalisé la surface sur le fond, trempe lentement la caisse ou crible dans l'eau du grand caisson. Dès qu'elle est plongée dans l'eau un peu au-dessous de la surface, il agite l'appareil au moyen de la longue tige F' F''. Au bout de dix minutes de ce mouvement de va-et-vient, en haut et bas, le minerai de la caisse est classé : le bon est au fond, et le mauvais à la surface. Il retire celui de la surface au moyen d'une raclette, pour le repasser ou l'envoyer aux lavoirs circulaires, et il remet du minerai nouveau, environ 7 à 8 centimètres. Il égalise de nouveau la surface, agite l'appareil, sépare le mauvais ; puis agite encore une troisième fois l'appareil pour retirer encore un peu de mauvais qui peut rester à la surface, et enfin retire le bon minerai du fond du crible pour l'envoyer au magasin. C'est le minerai marchand dès qu'il est égoutté ou aux trois quarts sec.

De là, il n'y a plus qu'à envoyer à la vente, à la fonderie ou à la préparation chimique. Cet appareil est simple, utile, et facile à servir par un seul ouvrier intelligent et soigneux. On peut passer une tonne de minerai fin par jour ou deux tonnes de minerai gros.

La loi du travail de cette opération dans la caisse à secousses et à plongeons, est la même que dans les cribles fixes avec plongeur, et dans les cribles à piston; c'est toujours l'eau qui soulève le minerai, et, s'égouttant, lui permet de retomber sur les toiles des fonds de cribles par ordre de densité, c'est-à-dire en se classant par ordre de richesse. Seulement, les cribles sont fixes dans les derniers appareils, et le plongeur ou le piston élève l'eau ; tandis que dans le premier c'est le crible qui monte et descend dans l'eau pour former le courant ascendant utile dans les secousses.

Il va sans dire que tout le minerai fin, et quelquefois le meilleur, qui passe par les toiles métalliques pendant ce travail de secousses, tombe au fond de la caisse à plongeur ou du grand caisson enfoncé en terre. Et comme l'eau y est dormante, renouvelée seulement par un léger courant à la surface, pour la tenir propre, cette eau n'emporte rien de précieux, et n'entraîne que les parcelles légères et stériles qui salissaient encore le bon minerai.

Pour la plus grande facilité ou plus d'économie de transport des minerais à ces diverses opérations de préparation, et pour la distribution des eaux, il est utile de placer ces appareils sur des plans à des niveaux inférieurs les uns aux autres de 1 à 2 mètres, suivant le terrain qu'on a aux usines. Mais comme on les établit presque toujours près des mines et des cours d'eau, dans des pays accidentés et de montagnes, il est facile d'avoir ces circonstances favorables qui permettent d'utiliser plusieurs fois la même eau pour les forces motrices des appareils et pour les transports des minerais de l'un à l'autre lavage.

En résumé, la préparation mécanique se fait par bocards et broyeurs, au premier plan;

Débourbeurs à grand courant d'eau, sur le deuxième ;

Laveurs à faible courant d'eau sur le troisième;

Concentrateurs à eau presque dormante sur le quatrième plan.

Enfin il est très-essentiel de ne pas oublier que toutes les eaux de lavage d'une usine doivent arriver à un grand bassin de réception ayant au moins 2 mètres de profondeur sur 4 mètres de largeur et 10 à 12 mètres de longueur, pour qu'avant de retourner à la rivière elles perdent toutes leurs forces de courant, et déposent dans ce grand bassin toutes les boues plus ou moins métallifères, et encore assez lourdes pour ne pas être soutenues en suspension dans l'eau dormante.

Ce grand bassin se vide continuellement de son trop plein par une ouverture à 1 pied de la surface; mais on le met à sec tous les mois pour en retirer les boues ou schlamms, qui sont lavées avec soin pour en obtenir ce qu'elles peuvent encore contenir de précieux.

§ III. **Nouveau système.**

Appareils séparateurs des minerais de leur gangue, évitant les pertes du lavage. — Tamis classeurs et tubes séparateurs.

Nous venons de décrire en résumé l'état actuel des anciens moyens de préparation et de lavage des minerais, connus et généralement employés dans les mines métalliques; mais nous pouvons heureusement y ajouter encore un moyen nouveau, plus parfait que les autres et qui nous paraît appelé à un bel avenir : c'est l'appareil séparateur inventé par notre ami M. Toussaint, jeune ingénieur distingué de Paris, qui a déjà soumis son invention à une infinité d'expériences et peut aujourd'hui livrer son procédé aux exploitants des mines pour leur permettre de doubler leurs bénéfices, en dépensant beaucoup moins dans leurs exploitations. Il leur donne le moyen de tirer un bien meilleur parti de beaucoup de résidus de minerais pauvres, qu'ils perdent tous les jours, et qui ont été accumulés depuis un temps très-long sur les halles des mines et rejetés sans aucun espoir de les utiliser jamais.

Dès aujourd'hui on pourra reprendre ces minerais avec avantage et ne perdre presque plus rien, si l'on emploie l'appareil séparateur Toussaint, que nous ne croyons pas pouvoir mieux décrire et caractériser plus exactement qu'en empruntant à M. Landrin ce qu'il en dit dans une notice sur cet appareil.

L'appareil séparateur de M. Toussaint n'a rien de commun avec les machines de lavages en usage dans la préparation ordinaire des minerais. Celles-ci n'emploient la pesanteur spécifique des matières que comme moyen secondaire, et conséquemment lavent et nettoient plus qu'elles ne séparent. Aussi laissent-elles beaucoup de matières stériles provenant de la gangue des minerais dans les schilchs qu'elles livrent au fondeur: matières stériles dont la séparation ne s'achève complétement qu'à la fusion, aux dépens d'une certaine quantité de combustibles, de perte de temps et de main-d'œuvre.

L'appareil Toussaint opère tout autrement: il ne donne pas de schilchs, il livre la matière métallique pure, c'est-à-dire du métal oxydé ou sulfuré sans aucun mélange de roche, de gangue ou de matière stérile quelconque.

Son action est fondée sur un principe d'hydrodynamique fort simple : un corps solide abandonné à lui-même dans un liquide quelconque descend avec d'autant plus de vitesse que sa pesanteur est plus grande, et cette vitesse est proportionnelle à la différence des densités du corps solide et du liquide.

Ainsi, une poignée de sable aurifère, composée d'or natif et de quartz dont les densités sont de 18,85 et 2,80 (sensiblement 7 à 1), étant jetée dans un tube plein d'eau, l'or arrivera au fond du tube sept fois plus vite que le quartz.

Si alors, dans l'intervalle qui existe entre l'arrivée de l'or au fond du tube et celle du quartz, on place un diaphragme quelconque, l'or se trouvera séparé du sable, et celui-ci pourra être rejeté comme inutile.

Tel est l'effet de l'appareil de M. Toussaint (planche VIII, fig. 5).

Un long tube en fonte placé verticalement se termine en cône tronqué à son extrémité inférieure; à la troncature du cône est ajouté un autre tube également vertical, muni d'un robinet ou d'une soupape destinée à empêcher de s'échapper l'eau et les matières contenues dans le grand tube. La hauteur de ce grand tube dépend de la nature des minerais à laver, et celle du petit, de la quantité de matière métallique qu'ils sont présumés contenir.

Près de l'orifice supérieur du tube est établi un appareil à palette, ou trémie à fond mobile, destiné à recevoir le minerai et à le retenir jusqu'à ce qu'on veuille le précipiter instantanément tout à la fois dans la colonne d'eau.

Le minerai est préalablement réduit en petits morceaux, même en poussière. Il doit être classé en grosseurs uniformes au moyen des appareils ou tamis de la pl. VIII, fig. 1, 2 et 3.

Lorsqu'on veut opérer, on ferme le robinet du petit tube et on remplit le grand tube d'eau, on place le minerai dans la trémie à fond mobile qu'on ouvre subitement.

Les parcelles de minerai métallique et de gangue, livrées à elles-mêmes, descendent d'abord pêle-mêle et se séparent ensuite, se précipitant bientôt avec des vitesses dues à leur densité : le métal, étant le plus lourd, arrive le premier à la troncature et s'engage de suite dans le petit tube; les gangues mettent quelque temps à le suivre, et sont retardées encore par l'augmentation de densité des couches inférieures du liquide, et par une espèce de remous occasionné par la chute des parties métalliques et par le déplacement des molécules de l'eau.

De là une première conséquence, c'est que la séparation s'opère d'autant plus exactement que la différence de la pesanteur spécifique des matières métalliques et stériles est plus grande.

Le temps mis relativement par chacune des matières dont l'association constitue un minerai à parcourir la colonne d'eau contenue dans le tube, ne dépend pas seulement de la densité relative de ces matières; il est nécessairement encore proportionnel à la hauteur du tube. Une fois engagées simultanément dans la masse d'eau, les matières tombent pêle-mêle pendant 5 mètres environ sans faire autre chose que de se désagréger; elles commencent alors seulement à se séparer; il se forme bientôt un espace entre les matières lourdes, qui descendent rapidement, et les matières légères, qui descendent moins vite. Cet espace peut être toujours représenté par une fraction du tube pris pour unité. Il en résulte que plus le tube est long, plus cette fraction est forte; plus l'intervalle de séparation est grand, plus la classification est marquée.

Enfin, comme dernière considération, la vitesse de descente, la facilité de séparation, dépendent non-seulement des densités des matières projetées, mais encore de la grosseur de leur volume : plus elles sont fines et plus grande est la quantité qui peut être projetée à la fois; et comme elles restent plus longtemps en suspension dans l'eau, elles ont mieux le temps de se séparer, suivant les densités. De même, plus les pesanteurs des matières mélangées sont différentes, plus on en peut projeter à la fois.

Mais indépendamment des densités, plus la grosseur des molécules est petite, plus elle doit être égale pour chacune.

En résumé, la quantité à traiter à la fois dans chaque opération est en raison :

1° De la hauteur et du diamètre du tube;

2° De la différence de densité des matières à éliminer et de celles à recueillir;

3° De la grosseur des molécules.

Essayons de comparer ces résultats avec ceux obtenus dans la préparation ordinaire.

Les expériences spéciales faites à Altenberg, sur le lavage avec des tables à secousses et des tables dormantes, ont démontré que pour laver 100 tonnes de minerai pauvre, il fallait avec les premières cent dix-sept heures, et avec les secondes deux cent vingt-quatre heures, tandis qu'avec l'appareil Toussaint on n'a besoin que de dix heures en moyenne.

Donc le rapport des temps avec le procédé Toussaint est :

Avec les tables à secousses. . . . . : : 10 : 117

Avec les tables dormantes. . . . . . : : 10 : 224

Ainsi, tandis que l'appareil Toussaint passe 100 tonnes de minerai dans une journée, la table à secousses n'en passe que 8 tonnes et demie, et celle dormante un peu moins de 4 et demie.

Voilà pour le temps.

D'après ces données, et en comptant six ouvriers pour les tables à secousses et huit ouvriers pour les tables dormantes, la tonne de minerai lavé reviendrait à 2 fr. 85 c. pour les premières et à 5 fr. 14 c. pour les secondes.

Le rapport de la dépense de lavage avec le procédé Toussaint, qui permet de laver une tonne pour 0 fr. 53 c., serait donc :

Avec les tables à secousses. . . . Fr. :: 0,53 : 2,85
Avec les tables dormantes . . . . . :: 0,53 : 5,14

Nous ne comprenons point ici le coût de la force motrice, l'usure des tables et autres engins, l'entretien du tout, l'amortissement et les frais généraux, qui cependant entrent dans le calcul de 0 fr. 53 c., prix de revient de la séparation par la machine Toussaint.

Il est bon de faire observer ici qu'il est, dans la méthode de lavage suivie jusqu'à ce jour, un certain degré de concentration qu'il ne faut pas dépasser, sous peine d'augmenter les frais outre mesure et de perdre beaucoup de minerai qui est toujours entraîné avec les gangues. Ces pertes s'élèvent quelquefois jusqu'à 30 0|0, et elles ont cela de fatal qu'au delà d'une certaine limite, plus on veut enrichir, plus elles sont grandes. A Pontgibaud, on avait trouvé désavantageux d'enrichir les schlichs au delà de 30 à 40 0/0.

Avec le séparateur Toussaint, ces précautions sont inutiles. Toute perte est rendue impossible : les eaux restant en stagnation ne peuvent rien entraîner et rendent exactement tout ce que contient le minerai.

Dans les exploitations d'or de l'Oural et de l'Altaï, on rejette les sables qui renferment moins de 2 grammes par tonne, comme ne pouvant plus être concentrés. Lorsque l'or est associé à des parties métalliques difficiles à isoler du métal précieux, on est obligé de les traiter par amalgamation.

Cette opération est tout à fait inutile avec le séparateur Toussaint, qui extrait des sables aurifères tout ce qu'ils tiennent d'or, et qui classe à des étages différents les métaux qui lui sont associés.

Enfin, un dernier avantage en faveur de la nouvelle machine, c'est que, dans le procédé ordinaire, on emploie d'énormes quantités d'eau, tandis que dans le procédé nouveau, un volume d'eau égal au quart de celui du minerai traité est très-suffisant pour toute l'opération ; ce qui fait qu'on peut établir l'appareil dans des localités où l'eau est très-rare, comme dans la plupart des gîtes aurifères, tels que ceux de l'Australie et de la Californie.

Le plus ordinairement, dans la préparation des minerais, telle qu'elle est pratiquée partout, on se contente de diviser les matières en deux parties distinctes, dont chacune contient de la matière métallique en quantité différente : le minerai riche ou mine grasse pure, et le minerai pauvre ou minerai en roche mêlé à beaucoup de gangue. Le premier est destiné à aller directement aux fourneaux de fusion ; le second doit passer préalablement au bocard et être pulvérisé avant d'être livré au fondeur.

Le minerai de bocard est une cause de perte considérable de combustible, en ce qu'il faut ramollir et réduire en scories la gangue stérile qu'il contient toujours, quelque parfaite qu'ait été l'opération sous les pilons. C'est là une des causes qui éloignent de l'exploitation des filons dont le minerai, disséminé dans sa gangue, doit, en grande partie, passer au bocard. C'est là ce qui fait rejeter les minerais en amas composé assez ordinairement d'une roche compacte tachetée de mouches métalliques plus ou moins nombreuses, plus ou moins grosses, qui ne donnent le plus souvent que du minerai pauvre et d'une fusion coûteuse.

Avec l'appareil séparateur, il n'y a plus de minerai pauvre ; il n'y a que du métal et de la gangue stérile, séparés complétement l'un de l'autre, le premier allant directement au fourneau, la seconde rejetée comme inutile.

Il n'existe point d'exploitation qui ne renferme des morceaux plus ou moins considérables de minerai de bocard dédaigné à cause de sa trop grande pauvreté et abandonné pour toujours sur les haldes : la machine nouvelle permet de tirer parti de ces matières dont la valeur était ignorée, et de rendre à l'industrie une richesse perdue pour elle.

Il serait même très-intéressant de citer ici les efforts qui ont été faits pour utiliser ces grandes quantités de minerais perdus, mais cela dépasserait le cadre de notre travail actuel. Nous nous contenterons de décrire brièvement quelques autres machines inventées pour laver les minerais, dont le principe diffère peu de celui de la machine de M. Toussaint.

Ainsi, le tube inventé par Givor n'excède guère une hauteur de 2 mètres : c'est un cylindre vertical qu'on remplit d'eau, et dans lequel on jette subitement le sable aurifère ou toute autre matière métallique. Le cylindre contient des plans inclinés et se termine, dans sa partie inférieure, par un rétrécissement conique graduel qui conduit tube de petite dimension armé de deux robinets, entre lesquels s'engagent les matières métalliques les plus lourdes arrivées lespremières.

Un semblable instrument, s'il ne traite que les gros sables aurifères, donne un résultat complet, même lorsqu'il n'a que 2 ou 3 mètres de hauteur; mais il n'a été inventé que pour être appliqué à l'or. Il serait impossible de l'appliquer en général aux autres minerais, et même au traitement des minerais d'or très-fin, ou aux schlamms d'or. C'est pour cela qu'on a généralement renoncé à l'appliquer.

M. Landrin fils, réunissant l'idée de Givor et celle de Toussaint, a fait exécuter un tube séparateur qu'il appelle *adychrise* ou machine à séparer, dans laquelle il veut remplacer l'espace par le temps. Il a cherché à faire parcourir à la gangue, tandis que la matière métallique tombe rapidement et verticalement au bas du tube, une spirale autour de la verticale, et comme cette spirale peut présenter un développement de six à huit fois la longueur de l'axe vertical, il s'ensuit, dit M. Landrin, que, si cet axe a 5 mètres de haut (longueur de chute de la matière métallique), la gangue aura de 30 à 40 mètres de parcours à faire avant d'aller rejoindre le métal au bas du tube.

Il admet que l'eau mise en mouvement a une tout autre force que celle de sa simple pesanteur : elle acquiert alors une puissance qui se mesure par sa densité multipliée par la vitesse; en sorte que, si lorsqu'elle est immobile elle pèse 1, elle en pèsera 2, 3 ou 4 suivant la force du mouvement qui lui est imprimé, et dans le sens de la direction qui lui est donnée. Elle entraînera donc les matières légères avec d'autant plus de force dans le sens de la courbe, que sa puissance de propulsion sera plus grande, tandis que la partie métallique lourde se précipitera presque verticalement.

Cette courbe en spirale est décrite dans l'eau du tube par un axe vertical qui fait tourner le liquide à l'aide des palettes en épine dorsale, attachées sur l'axe mû par un moteur quelconque.

Mais il me semble que ces palettes, perpendiculaires à l'axe, dans le premier tiers de l'étendue du tube, font tourbillonner l'eau dans cette partie seulement, ne produisent pas un mouvement régulier, empêchent le minerai de se séparer naturellement par l'action de la pesanteur, et ont le grave inconvénient de jeter les minerais sur les parois du tube, où elles perdent leur vitesse de pesanteur. La marche régulière du minerai doit être troublée par l'irrégularité des mouvements de l'eau du tube, et si, par hasard, des parties métalliques étaient touchées par les palettes, tandis que les parties de gangue ne le seraient pas, les premières seraient ralenties plus que les secondes, et seraient mêlées ou bien moins distinctement séparées au fond du tube.

Pour obvier à ces inconvénients, j'ai fait l'essai d'un axe vertical jusqu'au bas de la partie conique du tube I, L, S, D (pl. VIII, fig. 4), portant une série d'arêtes fines de la longueur du quart du rayon du tube, espacées comme dans l'épine d'orsale d'un serpent. Ce moyen produit un tourbillon d'eau régulier dans tout le tube. Dès-lors la propulsion *horizontale*, combinée avec la force de la pesanteur *verticale*, donne pour *résultantes des deux forces composantes* une série de lignes obliques, *formant une spirale*, que doit suivre chaque grain de minerai, spirale d'autant plus élargie et plus longue que le grain a une densité moins grande, ou d'autant plus rétrécie et plus courte que le grain de minerai est plus pesant. Ce mouvement devrait, *en théorie*, ralentir d'autant la vitesse de pesanteur de toutes les matières jetées dans le tube et en faciliter la séparation. Les plus légères devraient être tenues plus longtemps en suspension, tandis que les plus lourdes, plus puissantes pour vaincre l'action de la vitesse horizontale de l'eau en tourbillon, devraient être moins ralenties et arriver régulièrement plus vite au fond du tube. Mais il n'en est pas ainsi dans l'application.

Car la séparation ne s'opère convenablement et parfaitement que si la loi de la pesanteur s'exerce bien ; or, elle ne s'exerce sans entraves que dans l'*eau stagnante*, quand toutes les molécules solides et liquides sont dans leur état naturel sans être dérangées par des causes étrangères à la pesanteur.

L'expérience nous a conduit à revenir au mode de séparation des minerais de leurs gangues par leur chute daus l'eau stagnante, c'est-à-dire par le système Toussaint, le plus simple et le plus naturel, dans lequel l'expérience, l'habileté plus ou moins grandes de l'ouvrier n'influent en rien sur la réussite de l'opération. Car la perfection de la séparation n'est que le résultat de l'action libre de la pesanteur : résultat régulier, exact et absolu comme la loi naturelle qui y préside.

M. Pernolet, ingénieur français, avait appliqué un moyen analogue à Poullaouen, où on a fait des essais infructueux avec des tubes carrés en bois inclinés, munis de cloisons et où passait un courant d'eau. On avai appliqué ces tubes de 5 à 6 mètres pour la séparation des minerais de plomb et de cuivre aux mines de Gondo, en Suisse, mais sans succès, parce qu'ils étaient trop courts, inclinés et garnis de traverses faisant échelons et points d'arrêt pour le minerai, lorsque le courant d'eau y descendait avec les matières métallifères. Il était naturel de ne pas réussir à séparer les minerais au moyen de ces tubes ou plutôt de ces conduits inclinés ; car dans l'eau stagnante même, les cinq premiers mètres de chute n'ont d'autre effet que de désagréger les matières métalliques.

On avait déjà fait beaucoup d'essais de machines à séparer les minerais, surtout au moment de la fièvre de recherche de l'or ; mais pas une seule n'avait réussi, parce qu'elles contenaient des plans inclinés qui devaient ralentir le mouvement des molécules, et ne produisaient qu'un bouleversement ou un trouble dans l'opération.

M. Toussaint, qui depuis longtemps fait fonctionner son tube séparateur en grand et qui avait déjà essayé d'un système de spirale d'un mètre placé dans le haut de son tube, qu'il agitait au moyen d'une manivelle I L S K (planche VIII, fig. 4), a été conduit d'abord à abandonner ce moyen accessoire agitateur de l'eau. Mais de plus il a été amené à conclure d'une manière générale que dans le tube séparateur des minerais, tout mouvement de l'eau en spirale ou autre était nuisible à l'opération et en troublait la netteté, que le mouvement fût produit par une secousse extérieure, par un corps étranger dans le tube, un clou qui dépasserait, ou tout autre obstacle, ou même par un courant d'air qui, en montant dans le tube, agiterait l'eau.

M. Toussaint n'admet pas même comme utile un mouvement ascensionnel régulier de l'eau dans le tube. Il a produit ce mouvement régulier ascensionnel au moyen d'un tube placé latéralement à sa première machine dite *tube séparateur à eau dormante*. Ce second tube, d'un diamètre du quart environ du premier, contient à sa base un renflement double dans lequel est placée une hélice qui, par un mouvement de rotation plus ou moins rapide, produit un courant ascensionnel dans le gros tube. Cette nouvelle modification a fait croire un moment qu'elle pourrait permettre de réduire la machine à la moitié de sa hauteur primitive, et de plus qu'elle pourrait fonctionner indifféremment et au gré de l'opérateur, soit à l'eau dormante, soit à l'eau en mouvement ascensionnel, suivant les cas qui pouvaient se présenter. Mais il a été ramené à préférer le tube libre.

L'or natif et le quartz, dont les densités sont de 18,85 et 2,80 (sensiblement 7 à 1), étant jetés dans un tube plein d'eau, l'or arrivera au fond du tube cinq fois plus vite que le quartz. Il en sera donc complétement séparé en peu de temps, et on conçoit très-bien que pour la séparation de l'or, un tube de 2 ou 3 mètres suffise, et celui de Givort paraît remplir des conditions suffisantes. Il est peu coûteux et facile à transporter et à installer dans les divers points où se trouvent les sables aurifères. On peut le déplacer rapidement et suivre ainsi les divers gisements, même dans les pays arides et escarpés, ou privés de routes et de voies de communication, comme en Océanie, en Californie, au Pérou, etc.. où on recherche et exploite l'or.

Mais pour les parties très-fines d'or et pour les autres minerais métalliques, on ne saurait obtenir de bons résultats avec ce peu d'élévation.

La machine de M. Toussaint est toujours plus utile; elle a de 15 à 30 mètres d'élévation. On y lave et sépare avec une grande facilité la galène réduite en petits fragments chaque fois que la gangue qui accompagne le plomb sulfuré est le quartz. La séparation est complète ou à peu près, attendu que le rapport des densités du métal et de la roche est dans ce cas :: 7.58 : 2.80, et on peut aussi y laver ou séparer très-utilement les minerais d'oxyde d'étain, de cuivre, le wolfram, etc.

Mais si les densités du minerai et de la gangue diffèrent peu, la séparation est moins facile. Pour opérer la séparation d'une manière complète, il faut donner au tube séparateur une hauteur d'au moins 30 mètres.

Il en est ainsi avec les minerais sulfurés ou carbonatés de cuivre, d'étain, d'antimoine, etc., où la partie métallique a un poids qui se rapproche de celui de la gangue, s'ils sont mêlés de baryte par exemple ; mais, dans ces cas, les lavages ordinaires ne pourraient donner aucun bon résultat comparable même à celui que donne le procédé Toussaint.

Nous continuerons à étudier ces questions avec grand soin, car l'enrichissement des minerais est une question de la plus haute importance en métallurgie. Il est très-rare que le minerai et le combustible se trouvent réunis sur la même localité ; il faut le plus souvent que le premier aille rejoindre le second, parfois à de grandes distances; les frais de transport sont alors d'autant plus coûteux que la gangue stérile est plus considérable, et jusqu'à ce jour on n'était pas encore arrivé à faire aussi économiquement et aussi bien.

De ce qui précède, on doit conclure qu'il y a plusieurs moyens de concentrer les minerais : les anciens appareils employés autrefois (planche III et planche IV,) et les nouveaux appareils ou tubes séparateurs (planche VIII,) qui tous sont fondés sur ce principe dynamique : un corps solide abandonné à lui-même dans un liquide quelconque descend avec d'autant plus de vitesse que sa pesanteur est plus grande, et cette vitesse est proportionnelle à la différence des densités du corps solide et du corps liquide.

Mais il nous est impossible, dans le cadre de ce mémoire écrit à la hâte, de décrire en détail tous les points par lesquels notre nouveau système de préparation mécanique et d'enrichissement des minerais, ainsi que de fusion pour obtenir les métaux à la fonderie, diffère des systèmes généralement admis et adoptés jusqu'à ce jour en métallurgie, pour l'extraction des minerais dans les mines, leur premier triage à l'intérieur des galeries et sur le carreau de la mine, leur traitement aux ateliers de triage, de broyage et de lavage, et pour leur traitement à la fonderie.

Nous renvoyons pour les détails complets à notre *Manuel*, et nous nous contentons de dire que le nouveau système se résume à ce que, pour laver et concentrer les minerais en général, on doit, après les avoir triés et broyés, les classer en grosseurs uniformes aussi exactement que possible au moyen de tamis, et puis les passer au tube séparateur.

De l'exactitude de leur classement par grosseurs uniformes dépend la perfection de la séparation des minerais d'avec leurs gangues.

Le système que nous conseillons comme celui qu'on doit préférer pour un bon classement, consiste en douze tamis plats de 1 à 4 mètres de longueur, placés l'un au-dessus de l'autre, un peu inclinés, et suspendus par des chaînes à une charpente analogue à celle de la figure III, planche VIII. Ces chaînes suspendent quatre tiges verticales munies de crochets de 20 en 20 centimètres auxquels se fixent les tamis ; elles sont droites et maintenues dans leur écartement par quatre tiges horizontales, qui sortent de la cage en bois dans laquelle tout ce système de tamis est contenu, et viennent se fixer en dehors à quatre tiges verticales coudées en sens inverse et maintenues à chaque extrémité dans un anneau fixe qui les laisse tourner. Elles viennent aboutir à un arbre en bielle qui leur donne le mouvement et les secousses nécessaires. On peut y adapter des roues à cames ou des marteaux fixés sur les côtés, qui en frappant sur les tamis augmentent les secousses saccadées. Pour avoir des secousses plus saccadées encore et plus efficaces, on peut aussi poser l'ensemble des tamis sur quatre galets, roulant sur un axe en fer et permettant à la caisse générale de frapper successivement sur les poteaux de la charpente, qu'on a soin de fixer alors très solidement en les posant sur des semelles profondément maçonnées dans le sol. Au moyen de ces précautions on arrive à faire vite et bien.

On peut dire que le nouveau système remédie aux quatre points suivants, généralement admis par tous les exploitants et professés par tous les auteurs qui ont écrit sur l'art de traiter les minerais :

1° Les procédés de lavage des minerais employés jusqu'à ce jour sont si imparfaits et si indécis qu'il est impossible d'exposer un mode général de préparation mécanique applicable dans tous les cas; on ne peut indiquer le choix à faire dans les diverses circonstances, ce qui laisse chaque exploitant livré à sa propre expérience.

2° Les imperfections de ces procédés sont telles qu'elles doivent faire considérer la préparation mécanique, à l'aide de l'eau, comme *un mal nécessaire*, en l'absence des moyens meilleurs pour séparer la gangue du minerai, surtout dans les schlamms des bocards.

3° Les pertes que ces travaux de laveries peuvent donner en grand, étant de 20 à 30 0/0 de parties utiles, ont fait admettre en principe qu'il faut exécuter la préparation à sec avec le plus grand soin, et la pousser jusqu'à n'avoir à faire passer aux laveries que les minerais trop pauvres pour être fondus sans concentration préalable.

4° Enfin, les fondeurs doivent se résigner à traiter à grands frais des minerais impurs, pauvres ou mêlés de gangues étrangères, sauf à les payer moins cher aux producteurs.

Les procédés actuels de lavage des minerais sont donc *mauvais*, et leur imperfection est *un mal nécessaire*, qui entraîne une *perte de plus d'un quart*, et force les fondeurs à *traiter à grands frais* des minerais impurs.

Tandis que les nouveaux procédés que nous conseillons permettent d'exploiter les minerais pauvres et d'en retirer économiquement tout ce qu'ils contiennent, sans éprouver aucune perte. On pourra dès lors obtenir toujours des minerais parfaitement concentrés ou enrichis *au maximum*, et on ne livrera plus aux fonderies que des minerais purs, ne contenant qu'une espèce de métal à la fois, et presque plus de gangue ou de matière étrangère non minérale. Lorsque divers minerais se rencontraient ensemble dans une mine plus ou moins mélangés (quoique non combinés chimiquement), il était impossible de les séparer par les anciens procédés, tandis que, par les nouveaux, il devient possible et même facile d'isoler ou de séparer nettement les substances de diverses natures, pour peu que leur densité soit différente.

Dès lors les fondeurs, ne recevant que des minerais purs et sans mélange hétérogène, n'auront qu'un travail plus facile et moins coûteux pour obtenir chaque métal. Les lois chimiques seront appliquées plus sûrement avec avantage dans les fonderies. L'art du fondeur deviendra plus scientifique, plus sûr, plus précis et plus facile, car on pourra appliquer en grand les procédés d'essai chimique des laboratoires ou des essayeurs du commerce, malgré leur prix de revient plus élevé, et il sera possible d'assurer à cette industrie des progrès notables. Les fondeurs, perdant alors beaucoup moins dans les scories et n'ayant plus les déchets qu'ils ne peuvent éviter aujourd'hui, paieront plus cher aux producteurs les minerais plus riches dont ils pourront tirer un meilleur parti. De leur côté les producteurs, ayant obtenu aussi les minerais avec moins de dépense, en quantité plus grande et sans perte forcée, comme autrefois, auront plus de bénéfice et plus de zèle à continuer et à déveloper en grand leurs exploitations. Par suite, l'art des mines sera plus généralement cultivé en France.

Si l'on extrait du sous-sol ce qu'il contient de richesses, on parviendra à fournir à notre pays toute son alimentation en métaux, et à conserver chez nous plus de 150 millions qui, jusqu'à ce jour, sont envoyés à l'étranger tous les ans, en échange des métaux nécessaires à notre consommation. De là l'augmentation de la richesse nationale, *d'une valeur de trois milliards*. Car cette richesse peut être évaluée *au capital* dont l'intérêt est la somme que nous payons à l'étranger tous les ans pour notre alimentation en métaux autres que le fer. Ce tribut de 150 millions représente en effet, pour les peuples qui nous fournissent ces métaux, le revenu d'une fortune de trois milliards déposée dans le sous-sol d'où ils sortent les matières qu'ils nous vendent tous les ans, et dont la valeur est créée à leur profit ; tandis qu'il serait si facile à la France de créer à son profit ces 150 millions de métaux dont elle a besoin, en exploitant des mines et développant cette fortune territoriale nouvelle qui donnerait à l'État et aux particutiers des revenus considérables en procurant du travail à ceux qui en manquent !

Il est vrai qu'en France on a toujours répugné à employer aux travaux des mines les soldats et les condamnés, comme on les y emploie dans d'autres pays ; et d'un autre côté les ouvriers ordinaires préfèrent les travaux de la surface de la terre, parce qu'ils sont moins pénibles et surtout moins dangereux.

Il fallait avoir trouvé le moyen d'éviter à l'homme les peines et les dangers qui l'effraient sous terre, pour exciter les Français à s'adonner à l'art des mines. Mais aujourd'hui que nous pouvons offrir des machines puissantes pour remplacer la main de l'homme dans les travaux les plus pénibles et les plus dangereux, tout en apportant une grande économie de temps et d'argent, nous avons lieu d'espérer que rien ne manquera pour développer chez nous cette industrie qui a fait déjà la fortune de plusieurs peuples.

CHAPITRE IV.

INDUSTRIE MÉTALLURGIQUE.

Exploitation des métaux. — Fonderies.

§ Ier. *Moyens pratiques les plus utiles pour traiter les minerais aux fonderies, et obtenir les métaux à livrer au commerce, Art du fondeur.*

Tout le travail du fondeur a pour but de réduire les minerais pour en tirer le métal qu'ils contiennent. Mais toutes ses opérations doivent tendre à obtenir des métaux avec économie et sans perte, non-seulement au point de vue des bénéfices à faire dans toute industrie, mais aujourd'hui surtout au point de vue du commerce étranger, qui peut apporter les métaux sur nos marchés à des conditions où la France, avec les anciens procédés et ses faibles moyens financiers, gagnera peu si elle n'y prend garde.

Après avoir enrichi les minerais par les nouveaux moyens séparateurs qui doivent remplacer à tout jamais les appareils laveurs, les fondeurs pourront les soumettre aux réactions chimiques dans des conditions où ces procédés seront applicables. Plus rationnels, ces procédés seront aussi moins sujets à donner des mécomptes et des erreurs. Dès que leur prix de revient deviendra proportionnellement moindre, il sera bien plus avantageux de les employer en grand dans l'industrie, comme on le fait en petit pour les essais dans les laboratoires du chimiste ou de l'essayeur du commerce.

Pour tous les métaux, la préparation mécanique et la métallurgie sont intimement liées l'une à l'autre. Les exigences de l'usine font la loi sur l'atelier; mais nulle part elles ne pèsent plus lourdement que sur l'étain. Si la galène doit être amenée à une teneur élevée, les frais de préparation ne montent jamais aussi haut, et la valeur du métal perdu est bien moindre : dès que l'argent vient accroître le prix du minerai, on abaisse le rendement. Pour le cuivre, dont le prix est à peu près égal à celui de l'étain, on sait fondre les produits très-impurs et très-pauvres; mais pour l'étain, les fondeurs ne veulent payer que le minerai le plus pur, parce qu'il est difficile d'obtenir ce métal pur sans pertes notables. Lorsqu'on y laisse des métaux, le cuivre, le zinc, le plomb, le tungstène, le soufre, l'arsenic, l'antimoine, la gangue et le fer surtout, qui sont d'un grand inconvénient pour la fonte de l'étain, les minerais sont peu payés ou refusés aux fonderies ; car les silicates doubles d'étain et de fer se forment avec une extrême facilité, et font passer de grandes quantités d'étain dans les scories.

Ces pertes sont désolantes, et il est nécessaire de s'y opposer; car l'homme qui, disposant de grandes richesses minérales, en laisse perdre à toujours une partie notable, est réellement coupable envers la postérité, lorsqu'il peut y remédier, surtout avec des procédés aussi simples et aussi sûrs que ceux que nous proposons.

Nous avons entendu dire par plusieurs ingénieurs des mines que « malgré les progrès considérables faits depuis trente ans dans la préparation mécanique, malgré ceux qu'ils croyaient encore possibles, le plus grand perfectionnement, d'après eux, serait de la supprimer presque entièrement, en cherchant à reporter sur l'usine une partie des frais aujourd'hui accumulés sur l'atelier. Jamais on n'y évitera la production d'une forte proportion de schlamms, et la ténuité excessive de ces matières s'opposera toujours à la diminution de la perte par le lavage. »

Il faut que le mal soit bien grand pour que des ingénieurs habiles formulent ainsi leur façon de penser : aussi seront-ils consolés en apprenant que les fonderies pourront faire beaucoup mieux sans avoir toute la peine et le travail effrayant qu'ils proposent de donner pour l'avenir à ces usines.

Nous pouvons leur annoncer, au contraire, au lieu d'un surcroît de peine et de travail difficultueux, un ouvrage plus facile sur les minerais les plus purs obtenus par les préparations mécaniques nouvelles, et les séparations nettes et faciles opérées sur les mines. Tout le monde gagnera à ces améliorations possibles, dont on a reconnu si généralement la nécessité et l'opportunité.

§ II. *Traitement chimique des métaux précieux.*

Toutes les fois qu'on veut traiter avantageusement un minerai précieux, on doit le diviser en parcelles assez petites pour que les agents physiques et chimiques auxquels on le soumet dans les diverses opérations du traitement puissent agir convenablement et ne rien laisser échapper. C'est surtout à propos du traitement chimique qu'il faut rappeler que les corps n'agissent bien les uns sur les autres que lorsqu'ils sont très-divisés : ainsi on traite les minerais d'or avec avantage par l'action du mercure dans les appareils à amalgamation, qui permettent de s'emparer de tout l'or qui s'y trouve à l'état natif ; mais le mercure n'attaque pas la plupart des combinaisons chimiques que peut affecter l'or dans ces minerais. Nous avons soumis à un broyage soigné les minerais des métaux précieux que nous avons pu nous procurer, apportés du Pérou, de Californie, d'Australie ou d'ailleurs ; et de nos travaux d'essai et d'analyse chimique il est résulté que ces minerais ne contiennent pas seulement le métal à l'état natif, qu'on voit, même à l'œil nu, dans le quartz et dans la serpentine ou toute autre gangue, mêlé à des pyrites de fer argentifères ; mais nous avons été conduit à penser et conclure que des quantités d'or beaucoup plus grandes se trouvent contenues dans ces minerais à l'état de combinaison chimique, à l'état de sulfure et de chlorure invisibles à l'œil et même à la loupe. Nos agents chimiques ou réactifs nous ont fait apprécier et reconnaître ces composés qu'on avait niés.

Comme conclusion pratique, importante pour l'avenir de beaucoup de mines d'Australie, d'Amérique et d'Europe, nous devons noter que le traitement au mercure ou l'amalgamation n'entraîne et ne donne qu'une partie de l'or contenu dans les minerais. En effet, nous avons soumis bien souvent à nos procédés chimiques des détritus et des déchets de minerais traités par le mercure, et nous en avons retiré des quantités d'or encore plus grandes que celles extraites par le mercure. Cet or y était resté à l'état simple, déposé entre les molécules et les lames de cristaux ou combiné à d'autres métaux et à d'autres sels. Il faudra donc traiter ces minerais par les procédés chimiques, aux composés de plomb, aidés des fondants et de la coupellation. Pour cela il s'agit de savoir si le plomb, le carbonate de soude et le borax se trouveraient facilement aux environs des mines, et si le bois, les briques et les terres réfractaires seraient faciles à se procurer à bon marché, ou s'il vaudrait mieux transporter les minerais pour les traiter à nos usines plus économiquement et beaucoup plus avantageusement.

On pourrait encore les traiter au chlore, c'est-à-dire par un courant de chlore naissant obtenu au moyen de l'action de l'acide chlorhydrique sur du bioxyde de manganèse, ou au moyen de l'action de l'acide sulfurique sur le sel marin; mais ce procédé en grand ne nous paraît ni aussi rationnel, ni aussi sûr, ni aussi facile dans son application industrielle. Il faudrait des appareils spéciaux et sans fer; car les acides, et le chlore en particulier, qui agit comme un acide, attaquent le fer et les autres métaux plus vite que l'or. On aurait aussi à calculer s'il serait plus facile de se procurer du bioxyde de manganèse et de l'acide chlorhydrique ou du sel marin et de l'acide sulfurique à moindre prix que les composés de plomb et la potasse d'Amérique.

Ce procédé a encore un inconvénient, c'est de donner l'or à l'état de chlorure, et non à l'état simple; pour l'obtenir à l'état marchand, il est de toute nécessité de le traiter par l'action chimique d'une base alcaline et puis de le coupeller au moyen d'un alliage avec du plomb. C'est donc un procédé très-compliqué et qui ne se complète qu'au moyen du premier procédé.

Nous préférons de beaucoup le procédé par l'action des composés de plomb et de la chaleur avec fondants. Dans bien des cas particuliers, le minerai ou sable aurifère porte avec lui-même un fondant qui évitera d'en mettre.

Si, au lieu de grands creusets qui compliquent l'opération en grand, on opère dans des fours analogues à ceux qu'on emploie en Angleterre ou en Allemagne pour réduire l'oxyde d'étain, on fait beaucoup plus d'ouvrage à la fois. Le minerai se trouve en contact avec du charbon, la chaleur s'élève plus vite, et si l'on a soin de prendre de la houille sèche et anthraciteuse, la réduction s'opère très-bien, le plomb coule assez promptement, entraînant tout l'or.

Toutes les vingt ou trente minutes, on a le soin d'agiter la matière dans le feu au moyen de ringards, et le plomb coule dans la partie la plus déclive ou inférieure du four, avec l'or dont il s'est emparé, ainsi que l'argent, si le minerai en contenait.

Une fois le lingot de plomb obtenu, on le passe à la coupellation dans un four à coupelle, qui donne l'or au centre, et la litharge coulant sur les bords, on la recueille pour les nouvelles opérations.

En appliquant ces idées à l'étude spéciale des minerais d'Australie, du Pérou et de Californie, nous avons été conduit à dire que ces procédés doivent être employés, puisqu'ils permettent d'obtenir quelquefois 2,834 fr. d'or par tonne, au lieu de 250 fr. qu'on obtient par le mercure, c'est-à-dire plus de dix fois autant, et donnent en outre tout l'argent contenu dans les minerais.

En effet, nos analyses multipliées sur les minerais que nous avons pu nous procurer déjà, ont donné :

1,960	grammes d'or	par tonne	représentant	6,664 fr.	
720	id.	id.	id.	2,448	
560	id.	id.	id.	1,904	
1,320	id.	id.	id.	4,488	
750	id.	id.	id.	2,550	
280	id.	id.	id.	952	
(Sans compter l'argent qu'on obtient aussi.)				17,006	6
					2834

Les six essais les plus opposés (si l'on néglige ceux qui nous ont donné des sommes par trop élevées, et dont nous nous méfions dans les calculs, parce que ce sont peut-être des échantillons choisis, pouvant conduire à des illusions sur l'application en grand), ces six essais donnent une somme de 17,006 fr., qui, divisés par 6 pour obtenir la moyenne, donnent 2,834 fr. d'or par tonne. L'argent y est à peu près toujours pour 200 grammes la tonne, soit, à 21 centimes le gramme, 42 fr. obtenus en même temps sans aucune peine, et sans rien changer ni ajouter à notre procédé. Il nous semble que ce résultat est consolant et engageant. Aussi notre conclusion sera qu'il faut étudier encore ces minerais, les soumettre à notre traitement dans une usine spéciale, et une fois qu'il sera bien démontré en grand que ce procédé industriel n'est pas d'un prix trop élevé pour des minerais constamment aussi riches, on l'emploiera sur les lieux mêmes.

D'un autre côté, la perte inévitable dans les lavages explique pourquoi, quand on travaille généralement les minerais des métaux précieux, on doit préférer souvent fondre directement les minerais pauvres, plutôt que de chercher à les enrichir par des lavages ; car si l'on a intérêt à soumettre au traitement métallurgique un minerai enrichi, cet avantage peut être compensé par la perte brute en métal précieux que le bocardage et le lavage entraînerait forcément.

La perte forcée des lavages de minerais d'une valeur moindre peut avoir plus ou moins d'importance ; mais il s'agit toujours de savoir si le métal perdu par suite d'une concentration plus grande ou d'un enrichissement plus grand dans sa préparation, vaut ou ne vaut pas le surcroît des frais de fusion et du déchet qu'entraîne nécessairement le traitement d'un minerai plus chargé de matières stériles.

Dans tous les cas, on ne peut nier que le traitement chimique soit surtout très-avantageux, quand il a été possible d'enrichir un peu les minerais par les procédés nouveaux, qui, au lieu de laver les minerais, ne font que les classer et les séparer de leurs gangues ou des substances étrangères qui les salissaient.

§ III. *Méthode de traitement chimique industriel des minerais d'or et d'argent, des cendres et produits divers dans lesquels ces métaux se trouvent à l'état de mélange ou de combinaison chimique, et particulièrement de sels doubles.*

Mon procédé industriel consiste à broyer, laver et concentrer les minerais d'or et d'argent par les appareils nouveaux décrits dans les pages précédentes, à utiliser les fourneaux à réverbères et à manche, destinés à fondre les minerais de plomb pour traiter en même temps les minerais d'or et d'argent, mêlés de fer très-divisé, pur ou oxydé.

J'introduis dans les fours un mélange de 50 à 75 0/0 de minerais ou composés de plomb, sulfures, carbonates, sulfates ou oxydes de plomb, résultant des calcinations des autres minerais de plomb ou de résidus plombeux quelconques des préparations industrielles ou commerciales du plomb, avec 25 à 50 0/0 en moyenne de minerais d'or ou d'argent ou de matières aurifères ou argentifères, telles que :

1° Les terres aurifères et argentifères argileuses, ferrugineuses, etc., accompagnant les divers filons métalliques comme lithomarges, que nous croyons résulter de ce que les eaux de la terre plus ou moins chargées d'acide carbonique, silicique ou autre, entraînent le plomb, le cuivre et les autres métaux unis à l'or et à l'argent dans les filons, décomposent les jaspes et autres matières sous l'influence des courants électriques, et y laissent séjourner plus abondamment les sels d'or et d'argent, comme moins solubles et moins attaquables ;

2° Les matières aurifères ou argentifères à l'état de filons plus ou moins riches, isolés ou combinés avec d'autres matières métalliques dans ces mêmes filons, les pyrites de fer, d'arsenic ou de cuivre, les cuivres gris, etc. Dans ce cas seulement un grillage préalable est nécessaire, et on ne traite dans les fours que les résidus du grillage ordinairement composés d'oxyde de fer ou de cuivre, mêlés à tout l'or et à tout l'argent qui s'y trouvaient, l'arsenic et le soufre s'étant volatilisés ;

3° Les résidus du traitement de ces minerais précieux par le mercure, qui n'a pu s'emparer que d'une partie de l'or ;

4° Les précipités aurifères obtenus par l'eau régale et la précipitation au moyen d'un protosel de fer sur certaines matières aurifères, les minerais d'étain aurifères, etc.

J'obtiens ces précipités aurifères en traitant les matières d'or (unies à des corps peu attaquables par l'eau régale) par un cinquième d'eau régale nouvellement préparée. On place le mélange dans des bassines en grès qu'on laisse cinq à six heures sur un bain de sable disposé au-dessus de nos fours, de manière que ce mélange macère au moyen de la chaleur rayonnante perdue. Le chlore naissant attaque l'or; on dissout le chlorure en lavant à grande eau les matières traitées, puis on précipite l'or par une dissolution de protosulfate de fer. La poudre d'or tombe au fond des cuves en bois dans lesquelles on avait reçu la dissolution avec l'eau de lavage, on décante les deux tiers de l'eau et on filtre le troisième tiers de la dissolution dans des filtres en laine qui retiennent tout l'or; on brûle ces filtres pour en jeter dans mes fours les cendres et les précipités qu'ils contenaient; l'or se mêle au plomb dans les fours et coule avec lui ;

5° Les résidus à l'état de sulfure et de chlorure d'or ou d'argent qui sont retenus dans les sables et les matières aurifères et argentifères traitées par le chlore gazeux, l'acide sulfhydrique, les grillages et les lavages de toute nature ;

6° Enfin, tous les résidus chimiques, industriels ou commerciaux quelconques des opérations du daguerréotype, de la dorure et de l'argenture, ainsi que des traitements de matières aurifères et argentifères par un procédé quelconque où l'or et l'argent peuvent être retenus à l'état de sels doubles ou de combinaison quelconque.

J'introduis aussi peu à peu dans mes fourneaux et en même temps que ce mélange de minerai les quantités suffisantes et les qualités de fondants nécessaires, suivant la nature des gangues de ces divers minerais plus ou moins quartzeuzes ou carbonatées, suivant l'expérience que j'en fais tous les jours.

Enfin dans ma méthode de traitement industriel, les opérations de réduction se font sous l'influence de la chaleur et des courants d'air et de vapeur successifs et simultanés, ou sous l'influence de l'action chimique de 1/10 de fer très-divisé ou de fer en éponge.

De sorte que dans mon procédé, les corps réagissent pour ainsi dire à l'état naissant ou à leur passage à l'état fluide en quittant une combinaison pour aller en former une autre au contact et sous l'influence du chlore, du plomb, du fer, avec l'action de la chaleur ou plutôt de l'électricité naturellement développée à ce moment-là. Le plomb, en quittant une combinaison quelconque pour couler, entraîne l'or et l'argent en se combinant à eux pour les occuper et les retenir au moment où ces métaux précieux, or et argent, abandonnent aussi leur combinaison primitive et naturelle pour s'unir au plomb.

On reprend ensuite l'or et l'argent par tous les moyens possibles, les acides qui dissolvent le plomb et l'argent sans attaquer l'or, ou par le patensonnage et la coupellation, qui, en vaporisant le plomb, l'entraînent à l'état de litharge fondue, tout en laissant l'or et l'argent sur la coupelle.

Persuadé dès à présent des avantages de ce système, nous ajouterons que les appareils nécessaires ne sont pas d'un prix très-élevé, à peine de 2,000 liv. sterl. ou 50,000 fr., et très-faciles à construire sur place, au moyen des plans que nous joignons ici (planches IX et X).

CHAPITRE V.

INDUSTRIE MINÉRALE SPÉCIALE.

Exploitation des mines et des usines diverses.

Depuis des siècles la France achète à l'étranger tous les étains, tous les cuivres et une grande partie des plombs nécessaires à sa consommation; cependant elle possède sur son territoire d'importants gisements de ces métaux. Les montagnes centrales, les Vosges, les Alpes et les Pyrénées présentent plusieurs systèmes de filons des plus remarquables que nous avons étudiés, en nous attachant surtout à l'étain, au plomb argentifère, au cuivre et au zinc.

Nous décrirons ces divers gisements, en indiquant ce que nous avons appris sur chacun en particulier; la manière dont on les exploite aujourd'hui, les changements que l'expérience nous porte à conseiller d'y apporter, et jusqu'aux devis de ce qu'il nous paraît utile de faire pour les exploitations incomplètes ou pour celles qui ne sont pas encore commencées.

Heureux si nos idées pratiques pouvaient aider les exploitants et les propriétaires de mines à développer en France une industrie que les souverains français se sont efforcés de soutenir dans les siècles précédents, parce qu'ils avaient compris le principe économique qui portait les autres peuples et les autres souverains à développer l'industrie des mines, d'où ils retiraient annuellement de si importantes ressources.

Pourquoi ne ferait-on pas encore mieux avec nos moyens mécaniques perfectionnés, en suivant les progrès de la science dans l'art des mines, en profitant de l'expérience des autres pour éviter les écoles ou les fautes. En adoptant les meilleurs moyens et les plus économiques, on retirera sûrement de grands bénéfices de ces travaux métallurgiques. Pour cela rapportons ici ce qui se fait sur les diverses mines, et cette connaissance servira d'exemple utile à tout exploitant.

§ Ier. *Mines d'étain aurifère de Cieux et de Vaury (Haute-Vienne).*

M. de Cressac, ingénieur en chef des mines, écrivait, en 1813, à M. le comte Molé, ministre des travaux publics : « Les minéralogistes croyaient le territoire de l'Empire dépourvu d'étain; cependant la recherche d'un métal qui, malgré tous les essais, n'a encore pu être remplacé avec succès dans les arts par aucun alliage, fixait depuis longtemps l'attention de l'administration des mines, désireuse d'affranchir la France de ce tribut à l'étranger. Depuis on a trouvé dans la Haute-Vienne le wolfram, l'étain oxydé, le fer arsenical, le fer et le cuivre arséniatés, substances qui, jusque-là, n'avaient pas été trouvées en France, et qui se rencontrent aussi dans les mines d'étain de Saxe et de Bohême, et à Penjilly dans le comté de Cornouailles. Ces découvertes positives ne permettent plus de douter de l'existence de l'étain, et il ne manquait plus que de le trouver en quantité suffisante pour qu'il pût donner lieu à une exploitation productive. On y est parvenu en continuant les travaux en profondeur, et on devra tomber sur des parties très-riches, si l'on se fonde sur les analogies déjà observées d'une manière remarquable, et sur une observation qui jusqu'ici n'a été démentie par aucun fait, de laquelle il résulte que l'étain, dans les différents gisements où il a été rencontré, *s'est toujours trouvé en abondance*, soit qu'il ait été reconnu à la surface de la terre, soit qu'il ait été recherché à de grandes profondeurs. J'ajouterai que je me fonde aussi sur les rapports qui existent entre les espèces minérales accompagnantes observées jusqu'ici ; ils sont tels que si certains échantillons des mines de Saxe ou d'Angleterre se trouvaient confondus et mêlés avec des échantillons de mines de la Haute-Vienne, il deviendrait fort difficile de reconnaître à quelle exploitation française ou étrangère chacun d'eux appartient. Dans les montagnes de Blon, les filons d'étain ont été trouvés nombreux et réguliers, se dirigeant tous du N. N. E. au S. S. O.; et la roche micacée qui accompagne ces filons contient de l'étain plus ou moins apparent, comme le greisen de Saxe et de Bohême, qui quelquefois, sans présenter d'étain à l'œil nu, en est injecté et donne de précieux résultats lorsqu'on le soumet aux bocards. L'emplacement qu'occupent les filons de Blon à Vaury présente l'aspect d'un grand bouleversement dû à d'anciens travaux de tranchées à ciel ouvert en divers sens : la plupart de ces tranchées suivent les filons pour les exploiter; d'autres sont perpendiculaires aux premières, sans doute pour les recouper et les reconnaître. C'est cette disposition des travaux qui a donné lieu à la fable d'une ville détruite (*villa doul-per, ville de pierres*). On y voit de vastes excavations ou fosses profondes qui doivent avoir été les foyers principaux des exploitations anciennes. Ces bouleversements, qu'on peut estimer à 400,000 mètres cubes, ne peuvent évidemment être attribués qu'à des exploitations considérables pendant un temps très-long. On trouve aussi la preuve que le minerai d'étain a été traité sur les lieux, par les scories des fourneaux ramassées près des tranchées, dont quelques-unes contiennent jusqu'à 21 0/0 de ce métal et seraient avantageuses à traiter. Ces scories sont des témoins irrécusables qui ne permettent pas de douter que ces immenses travaux ne soient dus *à des exploitations anciennes dont on a obtenu des résultats quelconques, et non à des recherches infructueuses et sans résultat.*

» Rien n'indique quelle a été la cause de leur abandon, s'il est dû à une invasion, une émigration ou une révolution ; mais on doit conclure qu'il a existé dans les montagnes de Blon, près Bellac, des mines exploitées pour l'étain ; ces mines ont donné des produits, peut-être les immenses quantités d'étain qui existaient autrefois en France, et elles ne peuvent être considérées comme de simples recherches. Ceux qui les ont exploitées n'ont laissé aucuns souvenirs qui puissent donner lieu à une tradition en harmonie avec les faits, peut-être parce qu'ils avaient intérêt à cacher leur secret, ou bien à cause de l'ignorance des superstitieux habitants de ces montagnes. »

C'est à MM. le comte de Villelume et Alluaud que l'on doit la découverte du wolfram et de l'étain oxydé à Vaury (Haute-Vienne).

Les travaux du gouvernement, de 1813 à 1829, ont démontré l'existence des filons ; mais nos études et nos explorations ont démontré qu'il existe deux gisements stannifères susceptibles de deux systèmes d'exploitation distincts.

Le premier appartient aux filons stannifères nombreux répandus dans le granit et le greisen, susceptibles d'une exploitation de mine ordinaire par des puits et des galeries souterraines.

Le second consiste en dépôts d'alluvions exploitables à ciel ouvert, contenant des quantités notables d'or en grains, et donnant des bénéfices quotidiens. Personne n'avait parlé avant nous de ces dépôts métallifères, et nous sommes, sans contredit, le premier qui les ayons fait connaître.

Tous nos travaux ont clairement démontré que les anciens n'avaient pas atteint une profondeur de plus de 10 à 15 mètres dans leurs travaux sur ce vaste gisement, à cause de l'impuissance des moyens à leur disposition et de l'imperfection de leurs machines.

Pour que notre exemple puisse servir à ceux qui désireraient entreprendre des exploitations analogues aux nôtres, nous nous faisons un plaisir de raconter ici la manière économique avec laquelle nous avons agi pour mener à bien notre entreprise. Suivant en cela l'exemple des Anglais, nous n'avons pas cru devoir faire de grandes constructions inutiles, ni sur les puits de mines, ni aux usines. Une bâtisse en pierre pour la machine à vapeur, et des hangars pour les broyeurs et les bocards suffisent. (Voir planche I, fig. 1.)

Les filons les plus puissants ont été découverts à Cieux et à Vaury; nous avons loué ou acheté les propriétés qui les contiennent, ainsi que les travaux déjà exécutés par le gouvernement;

mais le minerai d'étain le plus pur se trouvant dans les vallées voisines des filons, nous avons fait des baux avec les propriétaires de ces vastes terrains et avec les communes propriétaires de biens communaux, pour l'exploitation à notre profit de tout ce que le sous-sol peut contenir.

Les autorités, qui voient avec le plus grand intérêt l'établissement et les progrès de l'entreprise dans un pays où l'ouvrier est peu occupé, se sont empressées d'accorder toute autorisation nécessaire pour exploiter.

MM. les ingénieurs du gouvernement ont attentivement visité tous les travaux, soit dans les puits pour étudier les filons, soit dans les vallées pour examiner le minerai et les procédés de lavage. Leurs rapports ont été très-favorables ; ils déclarent que les terrains *renferment des gîtes de minerai d'étain dont l'existence est constatée par les recherches nouvelles.*

Le conseil général de la Haute-Vienne, voulant protéger cette entreprise comme une affaire d'intérêt public, a daigné adresser, deux années de suite, un vœu au gouvernement pour qu'il en accordât la concession.

MM. les ingénieurs ont approuvé l'installation de l'usine de bocardage, de lavage et de grillage des minerais, ainsi que le matériel d'exploitation. Pour profiter des conditions avantageuses que procure *le grand étang de Cieux*, on a loué son moulin, ses bâtiments et ses dépendances, et le droit de navigation; on n'a eu qu'à utiliser la chute d'eau de l'étang, qui donne une force de plus de soixante chevaux pouvant marcher nuit et jour, et qui évite la dépense d'une machine à vapeur de la valeur de 50,000 fr. Les bâtiments du moulin et les bassins de pêcherie en pierres, appropriés à cette industrie, évitent de grands frais de construction, et pourtant on a aussi pu y installer toutes les machines désirables pour traiter convenablement les minerais les plus précieux, autant que les minerais les moins riches, tels que les gangues qu'on perdait ou jetait autrefois et dont on retire un rendement notable. En somme, c'est une économie de près de 100,000 fr., fort importante, sur le capital destiné aux usines.

Afin d'attirer les ouvriers de loin, nous avons loué presque tout le petit village du Grand-Étang pour les loger, et nous avons établi une cantine pour leur rendre la vie facile et à bon marché; ce qui permet d'obtenir une main-d'œuvre moins coûteuse, en fixant les journées à 25 ou 50 centimes de moins que si l'ouvrier devait se nourrir et se loger à grands frais ailleurs. Or l'économie sur le prix de la main-d'œuvre est un bénéfice tout trouvé.

Depuis longtemps, nous étudions toutes les questions scientifiques et pratiques utiles aux intérêts de cette industrie. Nous sommes allés étudier le travail des étains chez les Anglais, et notre séjour en Cornouailles nous a appris que notre exploitation avait autant de chances de succès que les leurs. Les Anglais ont essayé nos étains et les ont déclarés de bonne qualité; ils ont accepté nos produits avec plaisir et nous ont offert les leurs en échange. Plusieurs étrangers nous ont fait l'honneur de nous visiter et de nous encourager, en disant que nos minerais étaient plus riches que ceux de Bohême et de Saxe, puisque depuis deux siècles on pilait et traitait avec bénéfice chez eux des minerais dans lesquels l'étain n'était pas visible à l'œil, tandis que chez nous les quartz et le greisen sont garnis de beaux cristaux d'étain très-discernables à l'œil nu. M. Bolitho de Penzense nous a fait l'honneur de communiquer, à une séance de la Société géologique du Cornouailles, les faits les plus importants de notre voyage en Angleterre. Certes, les Anglais ne se seraient pas émus de notre découverte s'ils n'en avaient bien compris toute la valeur : car ils sont habiles en matière d'industrie, ils voient de loin, et apprécient rapidement quels peuvent être les résultats d'une entreprise.

Pour se faire une juste idée de la valeur de l'exploitation d'une mine d'étain en France, il suffit de réfléchir à la rareté de ce métal et à ses nombreux usages à l'état pur, à l'état d'alliage et de combinaison chimique, sous les formes les plus variées dans le commerce et l'industrie, telles que :

Médailles, vases et feuilles d'étain.
Étamage du cuivre. — Fer-blanc.

Tain des glaces. — Métal des cloches.
BRONZES : Statues, Canons.
Médailles. — Monnaies. — Tam-tams.
Miroirs de télescopes. — Métal blanc.
Chrysocale. — Laiton des doreurs.
Soudure des plombiers.
Métal fusible à 100°. — Or mussif.
Émail. — Vernis. — Laque minérale.
Pourpre de Cassius. — Pink-color.
Chlorures, mordants en teintures, etc.

D'un autre côté, nos procédés perfectionnés d'extraction de minerai et de lavage des sables, par des appareils en planches, et nos laveries perfectionnées, sont des plus économiques. Or, le prix de l'étain s'élève tous les jours dans le commerce à cause de l'appauvrissement des mines d'Angleterre et de l'épuisement de celles de Saxe et de Bohême, et comme les minerais d'étain d'alluvion sont rares et se paient très-cher, les maisons d'Angleterre offrent 2,000 fr. de la tonne.

D'ailleurs voici un extrait des rapports de M. Manès, ingénieur des mines, jugeant la valeur actuelle et future de cette entreprise.

M. Manès écrivait en 1856 : « Les terrains d'alluvions anciennes qui occupent le fond des petites vallées situées de part et » d'autre des montagnes de Blon et qui se composent de sables » et cailloux quartzeux provenant des débris des filons existant » dans ces montagnes, ont été examinés avec soin ; on y a reconnu une teneur notable en étain. Ces dépôts, très-peu recouverts et épais de 0^{m},20 à 0^{m},50, sont aujourd'hui traités par » des procédés de lavage perfectionnés aussi simples que bien » entendus, et on en retire des sables concentrés qui, passés » aux cribles, donnent un oxyde d'étain en grains parfaitement » homogènes et de la plus grande pureté, n'exigeant plus que » d'être soumis à la fusion pour fournir un étain d'excellente » qualité.

» Déjà ont été, dans la vallée de Cieux, établies sur ces dépôts plusieurs fouilles superficielles d'extraction, et un certain » nombre de laveries qui n'offrent aucune chance défavorable à

» courir, et assurent à la Compagnie une exploitation fructueuse, » dont la durée sera prolongée par des dépôts semblables des » autres vallées.

» Une circonstance particulière qui n'est pas seulement très- » curieuse, mais qui a encore une assez grande importance, c'est » la présence dans tous ces sables d'une quantité appréciable » d'or en paillettes et en grains distincts qui doivent provenir » des mêmes filons, quoique ceux-ci n'en montrent aucune trace » à l'œil nu. On estime à 1/5000 de la quantité d'étain la pro- » portion de cet or, qu'il sera facile d'en séparer, et qui paiera » environ les deux tiers des frais du lavage.

» On pourrait augmenter beaucoup le nombre des laveries » établies sur les alluvions stannifères reconnues ; mais je suis » d'avis de ne pas trop les multiplier et d'explorer entièrement » une vallée avant de passer à une autre, soit pour rendre la » surveillance plus facile, soit pour faire que le minerai d'allu- » vion le plus pur et le plus riche soit toujours dans un certain » rapport avec le minerai de mine, auquel il conviendra de le » mélanger afin d'avoir une fusion plus facile et une qualité plus » uniforme.

» Les filons de quartz stannifères qui existent en grand nom- » bre à Vaury, avec de très-petites épaisseurs, se retrouvent » aux environs de Cieux, mais beaucoup plus puissants ; déjà » vous en avez découvert quatre qui sont parallèles entre eux, » et dont un puissant, de $0^m,50$ à $0^m,80$. Sur ce dernier sont en » ce moment foncés deux puits, au moyen desquels on se pro- » pose d'établir sur ce point et sur des bases qui ne peuvent » qu'être approuvées, une exploitation régulière. A cet effet, il » sera mené du fond de ces puits, sur lesquels on placera des » machines à molettes :

» 1° Une galerie transversale qui recoupera les quatre filons » connus et ira à la découverte de ceux pouvant se trouver dans » le voisinage ;

» 2° Deux galeries de roulage et d'écoulement, dont l'une dé- » bouchera près des lavoirs, et dont l'autre mettra en commu- » nication avec l'étang de Cieux par un petit canal.

» Les travaux déjà effectués sur le filon puissant que l'on a » attaqué par les puits ci-dessus indiqués, donnent des fragments » de quartz qui sont mis à part pour être portés à l'atelier de » bocardage et de lavage, pour lequel on a trouvé une place très- » convenable au-dessous de la chaussée de l'étang, ainsi que des » terres et menus débris que l'on conduit à une laverie voisine.

» Ces derniers produits ont rendu jusqu'ici à ce lavage une » quantité d'étain peu différente de celle contenue dans les allu- » vions, mais d'un étain moins pur et plus ou moins mélangé » de wolfram, ainsi que de fer arsenical. On y a découvert aussi » quelques paillettes d'or qui montrent que cette substance est » réellement contenue dans les filons stannifères, ainsi que l'a- » vait fait présumer la teneur des sables d'alluvion.

» Quoi qu'il en soit, les travaux de mine ouverts aux environs » de Cieux, sont fort bien dirigés et promettent de devenir » importants. Ils doivent, d'ici à peu de temps, conjointement » avec les laveries de la vallée de Cieux, constituer un champ » d'exploitation suffisamment étendu et avantageux pour que la » Compagnie puisse d'abord s'y attacher exclusivement, et je » puis dire que, dans ma carrière d'ingénieur, je n'ai vu aucune » affaire de mine métallique commencée sous d'aussi heureux » auspices.

» ... Vous savez que l'étain, indispensable à une foule d'in- » dustries, tend à devenir de plus en plus rare par l'épuisement » de la Saxe et de la Bohême, qui eurent jusqu'au xve siècle le » monopole de ce commerce, par l'appauvrissement des mines » du Cornouailles, qui fournissent aujourd'hui à l'Angleterre une » quantité insuffisante à ses propres besoins, enfin par l'appau- » vrissement des dépôts que les Hollandais exploitent dans leurs » colonies d'outre-mer. Cette pénurie a causé une hausse con- » sidérable sur la vente de l'étain, qui s'est élevé à 3,530 fr. la » tonne. — Le *Journal des mines* montre que c'est le moment » d'utiliser les gisements stannifères de la Bretagne, qui, au dire » des hommes compétents, seraient des plus importants connus » actuellement en Europe. La seule concession de Piriac serait » appelée à donner 1,248 tonnes d'étain par année, tandis que

» la production annuelle de l'Allemagne, de l'Angleterre et de » la Hollande est inférieure à 9,000 tonnes. — Ces données » montrent aussi l'opportunité de la reprise des travaux exécu- » tés sur les gisements stannifères de la Haute-Vienne, dont » la richesse égalera, je l'espère, ceux de la Bretagne, et avec » lesquels il faudra bientôt compter, etc.

» *Signé :* W. MANÈS ✻,
» Ingénieur en chef des mines. »

On ne peut certes pas nier que ce soient là des idées encourageantes pour porter les industriels à entreprendre et poursuivre les exploitations des mines d'étain en France. Outre les gisements de Bretagne il en existe un gisement dans la Creuse et un autre dans la Corrèze que nous décrivons dans notre Manuel pour engager des industriels à s'en emparer pour le bien du commerce.

Les découvertes des riches et abondants minerais d'alluvion stannifères reconnus dans un grand nombre de vallées, et des filons puissants reconnus aux environs de Cieux et de Vaury (Haute-Vienne), sont très-précieuses dans un moment où les gisements de même nature qui existent soit en Allemagne, soit en Angleterre, s'épuisent chaque jour, et où la valeur de ce métal s'élève de plus en plus.

Sur la mine d'étain de Vaury, on a heureusement utilisé tous les travaux de puits et galeries exécutés aux frais du gouvernement. Sauf quelques éboulements dont on s'est rendu maître, les difficultés n'ont même pas été très-grandes pour mettre les puits et tous les travaux en communication avec la grande galerie qui épuise aujourd'hui toutes les eaux de la montagne. Or, comme tout ingénieur calcule les frais d'épuisement des eaux d'une mine **A UN TIERS DE LA DÉPENSE GÉNÉRALE**, ce sera une économie ou plutôt un bénéfice assuré.

Pour éviter les constructions, on a acheté la maison de la mine construite aussi par l'État, et dès qu'on aura terminé la route entre Cieux et Vaury, déjà votée et classée par le conseil général, les points les plus éloignés de cette exploitation ne seront pas à plus de 4 à 5 kilomètres de l'usine de bocardage et de lavage des minerais; puis de là tous les minerais d'étain seront transportés à la fonderie par les chevaux de la Compagnie et le chemin de fer, moyennant un prix de 30 fr. par tonne, soit par valeur de 1,800 fr. de minerai.

Les analyses de ces minerais ont donné :

L'analyse de M. Charles Girard, de la Monnaie de Paris : 64 gr d'étain et 0g,100 d'or pour 100 grammes de minerai choisi, ou 1 millième d'or.

Les analyses de M. Henri d'Hennin, essayeur de commerce à Paris, ont donné 6 grammes d'or par 50 kilogrammes de minerai, soit 120 grammes par 1,000 kilog., ce qui, à raison de 3 fr. 40 c. par gramme d'or, donnerait 408 fr. d'or par 1,000 kilog. de minerai d'étain; tenant de 550 à 700 kilog. d'étain.

§ 2. *Concession des mines de plomb argentifère d'Alloue et de Beaumont* (*Charente*).

D'un autre côté, pour arriver plus vite à l'établissement d'une fonderie qui pût donner les bénéfices du fondeur avec ceux du mineur, la Compagnie a étudié les diverses mines de plomb argentifère voisines des gisements d'étain aurifère, dont nous venons de parler, et elle s'est fixé dans une des régions métallifères les mieux caractérisées de France, car on lit dans une Notice de l'administration des mines : « On connaît en France deux régions stannifères où ont été observées la plupart des conditions qui caractérisent les gîtes de minerais d'étain exploités dans le Cornouailles, la Saxe et la Bohême. De nombreux filons d'étain ont été découverts dans la Haute-Vienne ; tous ces filons courent à peu près verticalement vers le nord-ouest. Leur extrémité a été retrouvée vers la rive droite de la Vienne, entre Confolens et Saint-Germain, près d'Esse et du grand Neuville ; on y voit affleurer dans le terrain granitique du Limousin de nombreux filons remplis de minerais, semblables à ceux qu'on trouve disséminés à peu de distance dans les strates inférieures du terrain jurassique. Dans un, on a trouvé le wolfram et l'étain oxydé, mais la plupart renferment de la galène argentifère, unie à de la blende, et des minerais de cuivre disséminés dans une gangue de quartz et de jaspe.

» A Alloue, entre Civray et Confolens, le banc métallifère est épais de 3 à 15 mètres, incliné de 60° et intercalé dans le calcaire jurassique entre la formation du calcaire lamellaire coquillier et une formation inférieure de calcaire non coquillier. La roche est beaucoup plus siliceuse que celle de Melle, et constitue une sorte de jaspe qui, ordinairement, est chargé de baryte sulfatée ; elle renferme de la galène tantôt cubique, tantôt à grains d'acier, associée au plomb carbonaté et à la calamine. Le minerai trié de galène cubique a rendu en grand 0,45 de plomb, tenant 0,0010 d'argent ; le minerai trié de galène à grains d'acier a rendu 0,28 de plomb, tenant 0,0015 d'argent. Ce gîte a été, à une époque ancienne, l'objet de travaux considérables ; il a été retrouvé en 1821 et concédé en 1826. On avait éprouvé des difficultés à fondre le minerai en 1828, qui contribuèrent à faire abandonner l'exploitation ; mais de nouveaux essais, faits en 1838, ont donné des résultats plus satisfaisants : on a obtenu 0,40 de plomb, tenant, 0,0020 d'argent. Les gîtes de Menet et des Chéronies sont analogues à celui d'Alloue. Les minerais sont mêlés de blende ; à Menet, on voit encore les vestiges d'une ancienne fonderie ; mais à la mine des Chéronies (commune de Chontrezac), l'allure de la roche métallifère est moins visible, et celle-ci est plus immédiatement superposée au granit. La galène argentifère, qui se montre souvent massive et parfois en blocs de plusieurs quintaux, est disséminée ou encaissée dans une roche quartzeuse jaspoïde jaune ou noire, à cassure conchoïde ; celle-ci affleure en couches horizontales, qui sont désagrégées dans les points de l'affleurement où le minerai est le plus abondant ; en sorte que le minerai se trouve principalement dans des blocs encaissés au milieu d'une argile jaune qui paraît être le produit de la décomposition du jaspe.

» Aux mines de Melle, le minerai est composé de galène et de plomb carbonaté ; il affleure fréquemment aux environs et dans la montagne même sur laquelle cette ville est bâtie. Ces mines ont donné lieu, à une époque ancienne, à des exploitations très-considérables. La couche métallifère a été attaquée par un grand nombre de galeries dont on voit encore les traces dans les vallées environnantes et sur le sol même de la ville. D'énormes amas de déblais, amoncelés sur les *Montagnes de Saint-Pierre* et de *Saint-Hilaire*, attestent qu'on est allé aussi chercher la couche métallifère au moyen de puits percés dans le calcaire supérieur. Ces mines, qui étaient déjà ouvertes au IXe siècle, sous Charles le Chauve, étaient encore exploitées au commencement du XVIIe siècle, et ont motivé pendant fort longtemps l'entretien d'un atelier de monnaie à Melle. On n'a pas trouvé de traces de fonderies ; mais en détruisant, à l'époque de la Révolution, l'ancien cimetière du couvent de Melle, on a remarqué que dans plusieurs tombes un creuset était placé près de la tête du squelette.

» Les gîtes de la Motte-Saint-Héray et de Saint-Maixent sont des bancs de calcaire siliceux métallifère, à la base de la formation jurassique, au contact du granit : le gîte et le minerai sont identiques à ceux de Melle. »

Par de nombreux travaux et plus de cinquante analyses chimiques, nous nous sommes assuré de la richesse des gisements de plomb argentifère d'Alloue et de Beaumont, dont les filons s'étendent depuis les bords de la Vienne, arrondissement de Confolens, jusqu'à Melle (Deux-Sèvres), où on battait monnaie autrefois avec les produits de ces filons. Nous en avons demandé la concession, et bientôt après, nous étant entendu avec les propriétaires d'une ancienne concession de 1826, nous avons obtenu la concession des mines de plomb argentifère d'Alloue et de Beaumont, sur les communes d'Alloue et d'Ambernac, par acte enregistré du 26 décembre 1857, et déposé le 28 janvier suivant chez Me Frémyn, notaire à Paris.

Dès lors nous exploitons ces filons, où le minerai n'a jamais manqué, en profitant, comme à Vaury, des travaux des anciens exploitants, et choisissant autant que possible les points où l'eau peut s'écouler naturellement vers la Charente. On peut produire tous les jours environ 10,000 kilog. de minerai, sans frais d'épuisement, qu'on compte toujours pour **UN TIERS DE LA DÉPENSE DES TRAVAUX DE MINES**, et avec un bénéfice d'au moins 20 0/0.

En effet, la mine de plomb d'Alloue consiste en plusieurs filons plus ou moins puissants d'une roche siliceuse tenant de la galène argentifère. Le filon principal, que l'on peut suivre au jour sur une longueur d'environ deux lieues, a été fort anciennement l'objet de travaux que l'on fait remonter aux Gaulois. Cet ancien gisement fut repris, en 1826, par une Compagnie française, sur des points où le minerai se trouvait en abondance, mais on ne lui faisait subir aucune préparation mécanique et on le soumettait à des innovations peu raisonnées, tandis qu'aujourd'hui ces minerais sont soumis au bocardage et au lavage avant d'être envoyés à la fonderie, et l'on obtient des rendements bien supérieurs.

Les analyses faites à l'École des mines, à la Monnaie de Paris, etc., ont donné :

1° Pour le massif de mine grasse, 75 kilog. de plomb pour 100 kilog. de minerai, tenant 3 millièmes d'argent ;

2° La gangue siliceuse a donné 33 kilog. de plomb pour 100 kilog.;

3° Le mélange des minerais préparés pour la vente a donné, pour 1,000 kilog. de minerai, 615 kilog. de plomb et de 585 à 610 grammes d'argent ;

4° Le minerai vendu dernièrement à Bordeaux, l'a été à raison de 600 kilog. de plomb et 550 grammes d'argent pour 1,000 kilog. de minerai ;

5° Des minerais envoyés à Pontgibaud ont donné : l'un en roche, 70 de plomb pour 100 de roche naturelle, et l'autre, bocardé, de 72 à 81 de plomb pour 100 de minerai.

Ces analyses représentent plus de 50 0/0 de plomb et plus de 1 millième d'argent.

Aussi M. Manès, l'honorable ingénieur de Bordeaux, écrivait :

« J'apprends avec bien de l'intérêt qu'il est question, pour la Compagnie, de prendre la concession des mines de plomb argentifère de Beaumont et d'Alloue, au sein desquelles vous avez découvert des gîtes beaucoup plus importants que ceux anciennement exploités. Ces mines peuvent très-bien convenir à la Compagnie des Étains, à raison de la proximité des deux gîtes et de l'importance dans les arts des alliages de plomb et d'étain, que cette Compagnie pourrait dès lors préparer.

» Le point du Pavillon, sur lequel M. Destrem s'est établi, a été on ne peut mieux choisi. Le filon y paraît puissant et suffisamment riche, car on l'a déjà recoupé sur plus de 5 mètres d'épaisseur sans l'avoir entièrement traversé, et le mètre cube de roche qu'on en retire rend par le triage, le cassage et le lavage environ 50 kilog. de minerai tenant 25 kilog. de plomb et 25 gr. d'argent. Le mètre cube, extrait à ciel ouvert, coûte 6 fr. d'extraction et 4 fr. de bocardage et de lavage ; la tonne de minerai prêt à fondre revient donc à 120 + 80 ou 200 fr. : or, cette tonne se vendant de 240 à 250 fr., elle donne aujourd'hui un bénéfice de 40 à 50 fr., soit plus de 20 0/0, sans en déduire les frais généraux. Il faut d'ailleurs considérer que l'extraction souterraine, à laquelle il faudra bientôt venir, devant coûter plus cher que celle à ciel ouvert, il pourra résulter du mode de dissémination du minerai dans la roche, ainsi que de la profondeur des nouveaux travaux , qu'une partie plus ou moins grande des bénéfices soit absorbée par l'élévation des frais ; mais la mine sera probablement plus riche.

» Les environs du Pavillon offrent d'ailleurs des positions très-favorables pour établir des broyeurs, des séparateurs et une fonderie, en raison des barrages établis sur la Charente et des chutes d'eau qui procurent les forces motrices nécessaires. Enfin, les bâtiments du Pavillon, loués pour longtemps à un prix peu élevé, exigent peu de dépenses pour être appropriés aux ateliers, aux magasins, à la cantine, ainsi qu'aux logements des ouvriers et des employés. »

Depuis que M. Manès écrivait cela, la Compagnie a fait exploiter pendant deux ans le filon du Pavillon; les résultats obtenus ont été beaucoup plus favorables qu'il ne l'avait prévu, ce qui a engagé la Compagnie à entreprendre définitivement l'exploitation des mines de plomb argentifère d'Alloue et de Beaumont (Charente).

La Compagnie a trouvé, pour son installation économique à Alloue, les mêmes facilités qu'à Cieux et à Vaury.

La chute d'eau du moulin du Pavillon, sur la Charente, lui a facilité l'installation de tous ses moyens de lavage auprès des ateliers de broyage des minerais.

D'ailleurs on a déjà établi à peu de frais un chemin de fer pour conduire très-économiquement les matériaux du point principal d'exploitation des filons aux ateliers de cassage et de triage des minerais, et jusqu'aux cylindres broyeurs et aux laveries établis sur les bords de la Charente. D'ailleurs, la route de Confolens à Ruffec, qui passe à quelques pas de là, facilite tous les transports au dehors, et met l'usine en communication avec les chemins de fer de Paris, Bordeaux, la Rochelle, etc.

La fonderie sera bientôt alimentée par les minerais d'étain et de plomb ; on pourra y séparer l'argent du plomb, et l'or de l'étain, au moyen d'un procédé nouveau que nous avons employé en grand avec succès (*Voir chapitre IV*). Éclairé par l'expérience, on a bien compris ce que vaudraient bientôt ces exploitations, au moment où l'étain et le plomb se vendent près du double de ce qu'ils se vendaient autrefois.

Enfin, le pays entier ayant accueilli avec bienveillance ces reprises de travaux, négligés à tort pendant un grand nombre d'années, a facilité l'action de la Compagnie, qui ne peut manquer de faire des bénéfices, si elle profite de tant de conditions favorables, en continuant à tout conduire avec la sage économie et les soins minutieux que l'on apporte à une affaire de famille durable. Nous croyons qu'avec ces éléments solides de premiers succès, cette entreprise, *en apparence modeste*, est appelée à un bel avenir.

IMPRIMERIE CENTRALE DES CHEMINS DE FER DE NAPOLÉON CHAIX ET Ce, RUE BERGÈRE, 20. — 1530

USINES.

§ III. *Appareils des fonderies de plomb et d'argent.*

Les appareils qui doivent composer une fonderie de plomb et d'argent sont de 4 sortes :

1° Four à manche;

2° Four à réverbère;

3° Chaudière de pattinsonnage;

4° Four de coupelle.

1° *Le four à manche,* tel que nous le conseillons (pl. IX, fig. 1, 2 et 3), est un demi-haut-fourneau de forme cylindrique, recouvert d'une chambre aussi cylindrique, où se trouve, à la hauteur du gueulard du four une porte de chargement E. Cette chambre se termine, dans sa partie supérieure, de la même façon qu'une cornue de laboratoire. Le col de la cornue F devient alors le commencement des canaux d'échappement des fumées composées de tous les gaz provenant des diverses actions chimiques de l'air insufflé par le ventilateur sur les minerais, combustibles, etc., qui sont mis dans le four. Cet appareil N est en briques réfractaires ordinaires, recouvert d'une chemise de terre réfractaire. Pour la solidité de l'appareil, on cercle en fer la partie où se produisent les diverses actions chimiques et où sont contenus les minerais, combustibles, etc. Outre ces armatures, le four possède une chemise extérieure M, en briques ordinaires, composée de quatre piliers très-forts portant une construction semblable à celle du four et l'entourant de toutes parts. L'air extérieur peut parcourir tout l'espace L compris entre ces constructions en briques réfractaires et en briques ordinaires. Tout l'appareil est élevé sur un massif de fondation P excessivement solide, qui assure sa stabilité. A 30 et 40 centimètres de la sole du four, sont 3 tuyères I; celle de la warme est plus élevée que les 2 autres placées à la même hauteur et disposées de manière à pouvoir diriger le vent à volonté dans toute la section du four, et même de manière à pouvoir plonger pour augmenter la chaleur vers la sole et retenir ainsi à l'état liquide le plomb revivifié et les scories qui recouvrent le bain de plomb. C'est aussi le moyen d'éviter les engorgements en produisant une température dans les points où ils seraient à craindre.

Les 3 tuyères I possèdent des vannes W qui permettent de varier la pression du vent ou sa vitesse. La poitrine du four K est construite après coup en briques réfractaires et porte les trous de coulée. Ces fours, comme tous les fours à manche, ont un creuset et un avant-creuset en D pour le service des coulées.

2° *Le four à reverbère* (pl. IX, fig. 4, 5, 6) est de forme rectangulaire ; sa voute R va, en se rapprochant de la sole P, vers l'orifice de sortie des gaz G, et sa partie la plus élevée est toujours sur la ligne médiane ; enfin, géométriquement, c'est une surface engendrée par une ligne qui se mouvrait dans des plans parallèles à eux-mêmes et en s'appuyant sur deux arcs placés sur les deux extrémités du rectangle de la sole ; ce rectangle est assez allongé. — L'orifice d'entrée des gaz du foyer vers la sole est presque aussi large que cette sole et va, d'ailleurs, en s'évasant. L'orifice de sortie K est beaucoup plus petit. Le four n'a qu'une ouverture de travail E ; elle est disposée pour qu'il y ait facilité à ringarder la plus grande partie du four. La sole est de forme concave, de manière à porter les matières à se réunir vers le centre P, qui, d'ailleurs, est le point le mieux disposé pour recevoir l'effet des gaz, de la combustion et de la chaleur. Le foyer F est allongé et recouvert d'une voûte demi-circulaire.

3° *Les chaudières de pattinsonnage* (pl. X, fig. 1, 2, 3,) sont au nombre de 5 à 10. Elles ont 1^{m},40 de diamètre et elles sont hémisphériques. Elles portent un rebord L de 15 centimètres de large et des côtes sur les quatre extrémités de deux diamètres perpendiculaires ; ces côtes, placées extérieurement, vont en diminuant vers le fond des chaudières. Les grilles G sont rectangulaires et permettent de chauffer assez régulièrement le fond des chaudières. Tout le massif M supportant les chaudières est recouvert intérieurement d'une chemise de briques réfractaires N. Des contre-forts donnent de la solidité au massif et permettent à l'ouvrier de se garer contre les inconvénients de la trop grande chaleur des foyers. — Derrière lui, il trouve les houilles nécessaires à sa chauffe, déposées sous des voûtes Q disposées irrégulièrement par rapport aux chaudières pour que le chauffeur ait toujours à sa portée deux voûtes consécutives, ce qui facilite l'emploi de deux sortes de houille. Chaque voûte a sa trémie R sur le passage à niveau des chaudières, ce qui permet l'approvisionnement sans gêner le travail du chauffeur, placé plus bas en S. Tous les gaz des foyers sont emmenés dans un conduit F qui règne tout le long des foyers et porte ces fumées à la cheminée de l'usine.

4° *Le four de coupelle* (pl. x, fig. 4, 5, 6), que nous conseillerons, est un four de coupelle allemande, mais de petite dimension; elle n'a que 1m,50 de diamètre. Cependant le chargement se fait d'une manière continue comme dans la coupelle anglaise, et permet de coupeller des quantités considérables de plomb riche. L'orifice de chargement E′ est en conséquence assez grand pour inspecter toute la coupelle; elle sert aussi d'orifice d'échappement des litharges. L'entrée des gaz du foyer G est large. Vis-à-vis la porte de chargement E′ est l'orifice E de la soufflerie dont la bure peut être placée plus ou moins plongeante.

Ces deux orifices sont placés perpendiculairement à la ligne du foyer G, à l'orifice F principal de sortie des gaz, car il y a trois orifices pour cette sortie et la communication avec la cheminée : ceci, pour obtenir la plus grande dispersion possible de ces gaz sur le gâteau métallique. La voûte R du four de coupelle est une calotte sphérique aplatie; elle est mobile et peut être soulevée par une grue CH. La sole P, la coupelle proprement dite, est de forme concave, semblable à la concavité de la voûte; elle est composée de marnes calcinées, d'argile et de sable réfractaire, si on ne possède pas de marnes naturelles pures.

Ces deux fours, le four de coupelle et le four à réverbère, ont besoin d'une forte armature, comme les fours à puddler et à réchauffer le fer. — On les compose d'une forte épaisseur de briques réfractaires et on les arme à nu, sans avoir besoin d'une chemise de briques non réfractaires.

FIN.

TABLE DES MATIÈRES.

FIN DE LA TABLE.

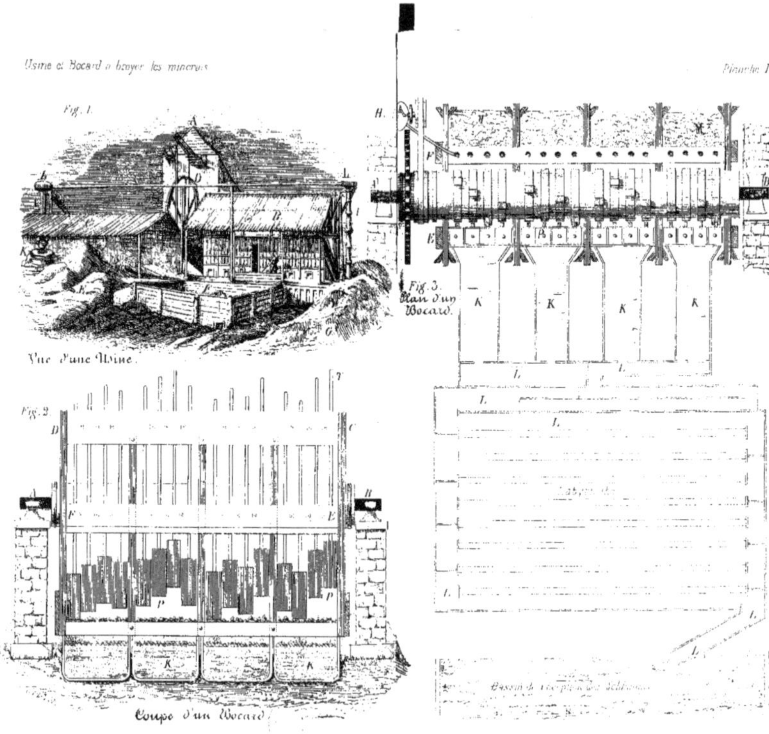
Fig. 1.
Vue d'une Usine.
Fig. 2.
Coupe d'un Bocard.
Fig. 3.
Plan d'un Bocard.

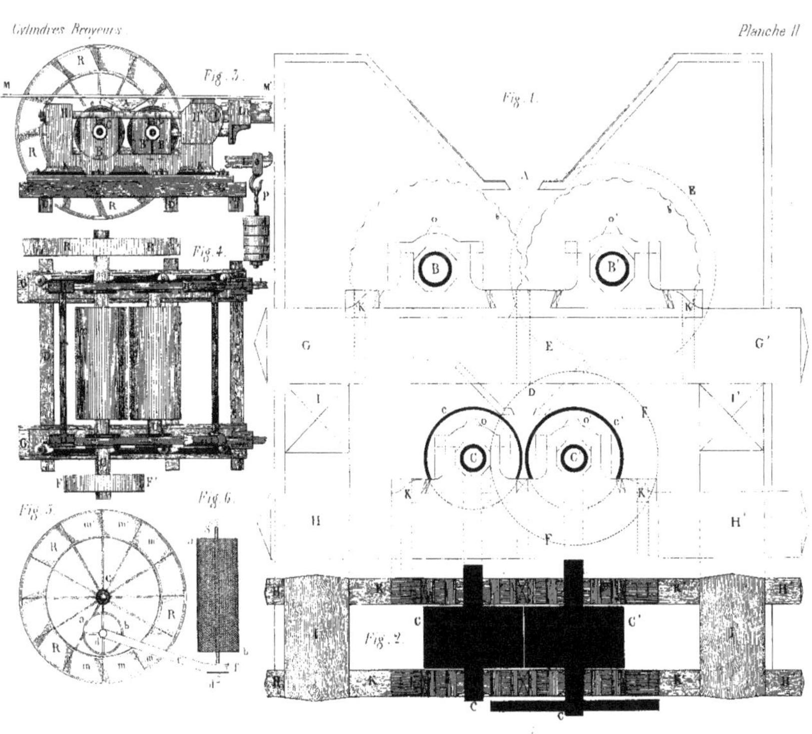
Cylindres Broyeurs.
Planche II
Fig. 1.
Fig. 2.
Fig. 3.
Fig. 4.
Fig. 5.
Fig. 6.

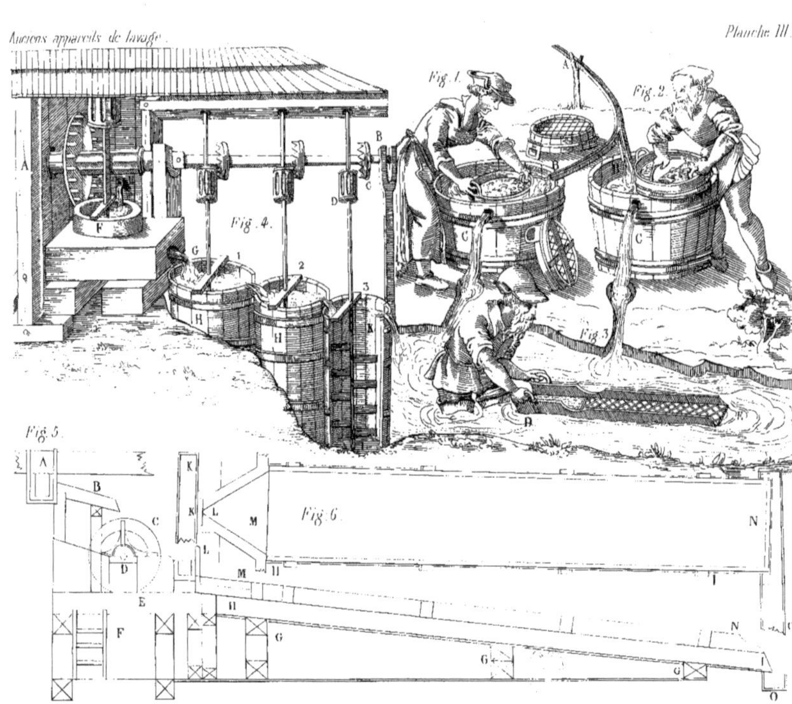
Anciens appareils de lavage.
Planche III.
Fig. 1.
Fig. 2.
Fig. 3
Fig. 4.
Fig. 5.
Fig. 6.

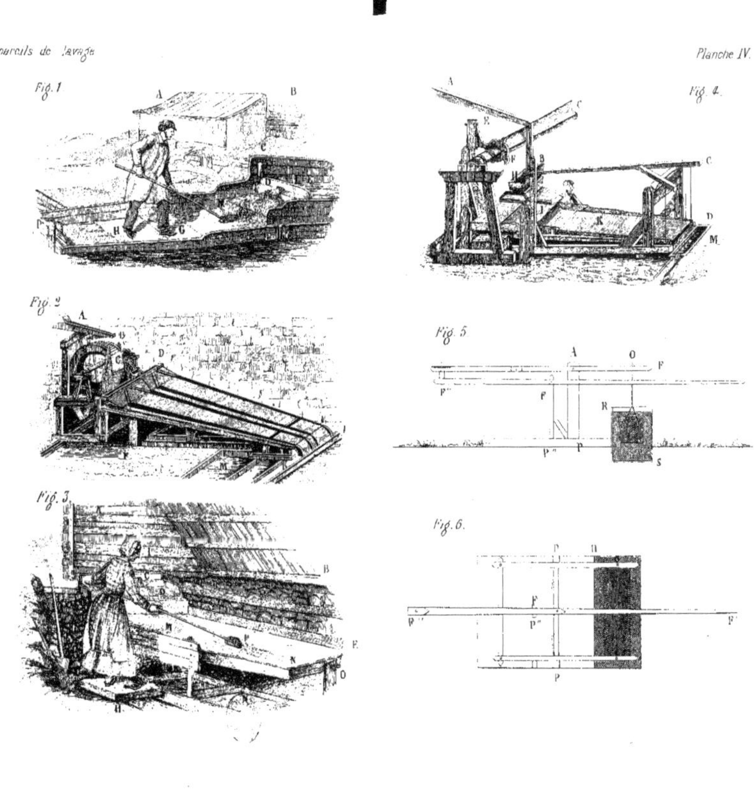
Appareils de lavage
Planche IV.
Fig. 1
Fig. 2
Fig. 3
Fig. 4.
Fig. 5
Fig. 6.

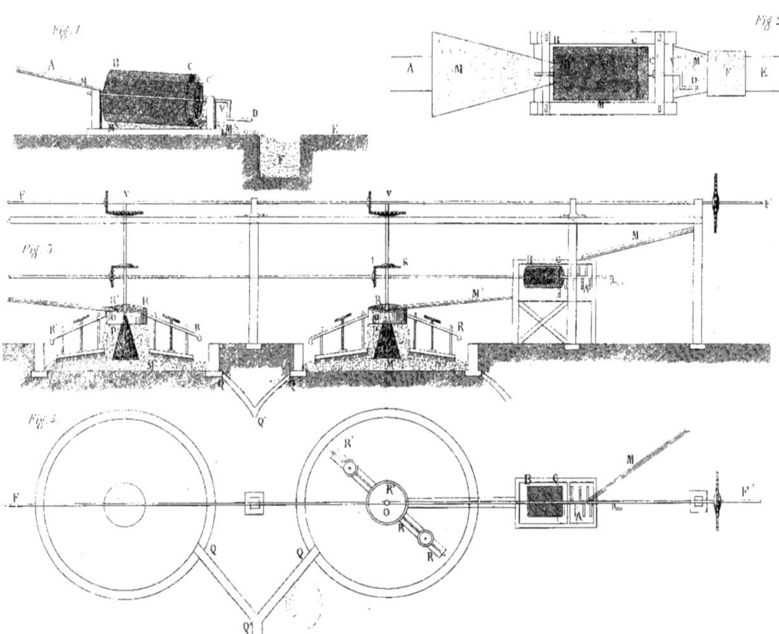
Fig. 1.
Fig. 2.
Fig. 3.
Fig. 4.

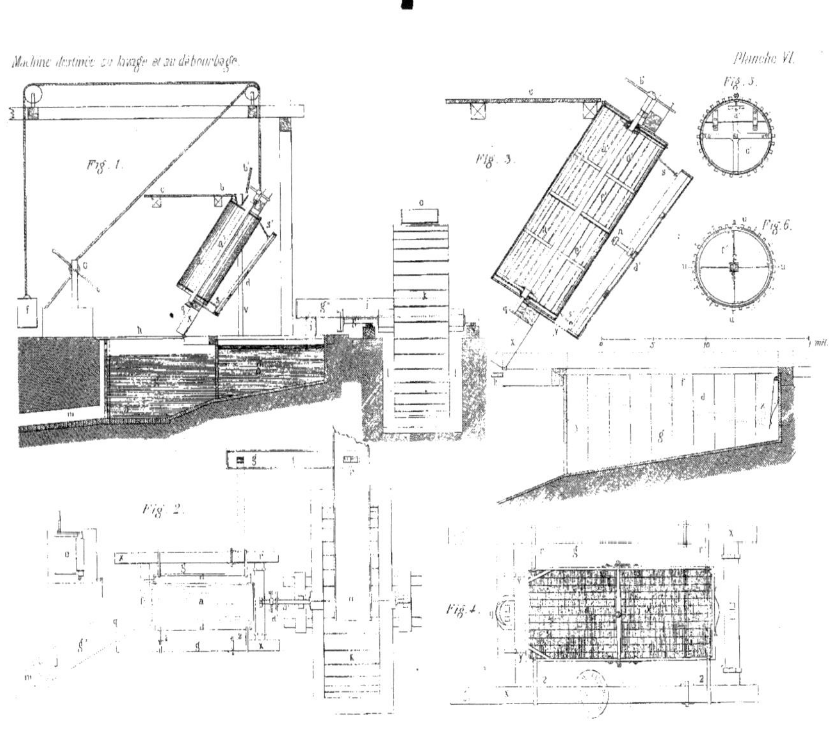
Machine destinée au lavage et au débourbage.
Planche VI.
Fig. 1.
Fig. 2.
Fig. 3.
Fig. 4.
Fig. 5.
Fig. 6.

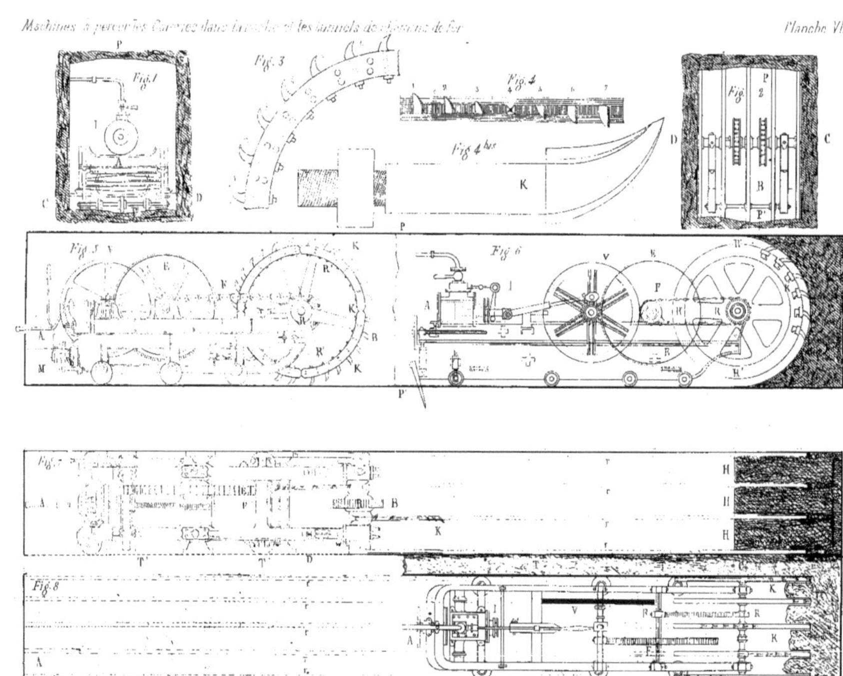
Planche VII.
Fig. 1
Fig. 2
Fig. 3
Fig. 4
Fig. 4 bis
Fig. 5
Fig. 6
Fig. 7
Fig. 8

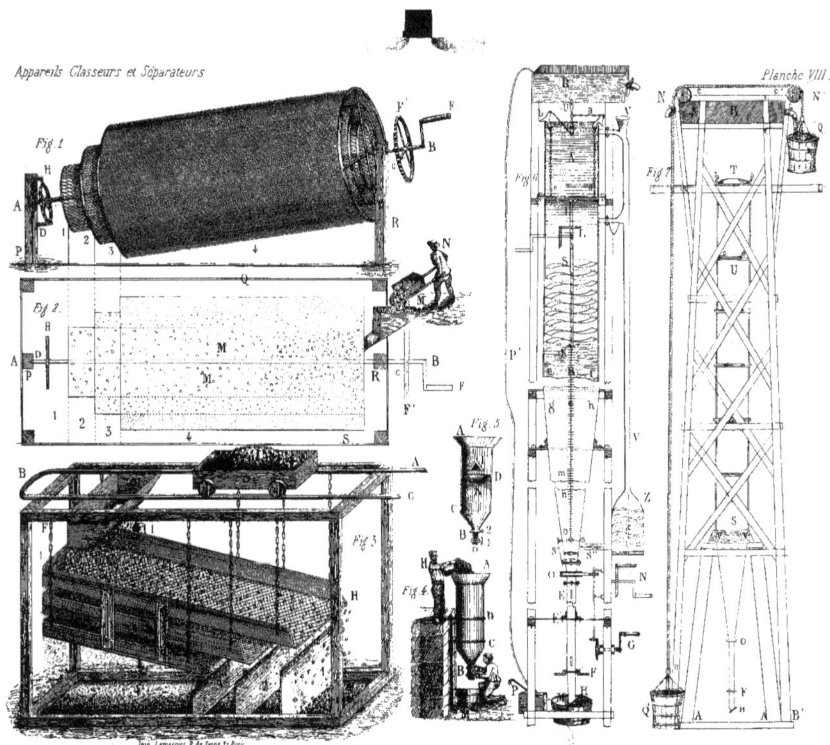
Appareils Classeurs et Séparateurs
Planche VIII.
Fig. 1
Fig. 2.
Fig. 3
Fig. 4.
Fig. 5.
Fig. 6
Fig. 7
Imp. Lemercier, R. de Seine 57 Paris

Fourneaux à fondre les minerais de Plomb

Planche IX.

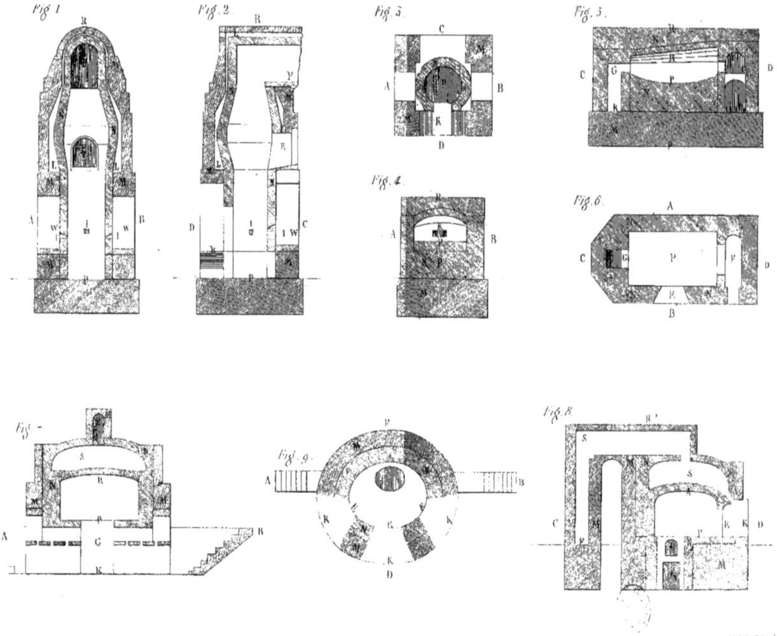

Patensonnage coupellation. Fourneaux à fondre les minerais d'Étain.

Planche X.

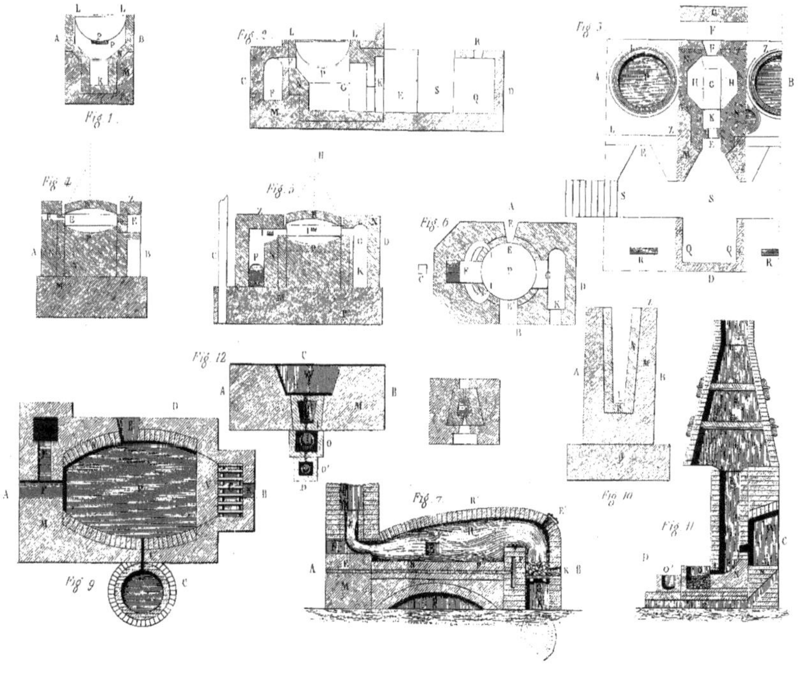

Fig. 1.

Fig. 2.

Fig. 3.

Fig. 4.

Fig. 5.

Fig. 6.

Fig. 7.

Fig. 9.

Fig. 10.

Fig. 11.

Fig. 12.

L'ALUMINIUM

ET

LES MÉTAUX ALCALINS

RECHERCHES HISTORIQUES ET TECHNIQUES
SUR LEURS PROPRIÉTÉS, LEURS PROCÉDÉS D'EXTRACTION
ET LEURS USAGES

PAR

CH. et AL. TISSIER

UN BEAU VOL. GRAND IN-18, AVEC PLANCHES ET FIGURES DANS LE TEXTE

4 francs.

L'aluminium est depuis quelque temps déjà l'objet de nombreux travaux publiés soit en France, soit à l'Étranger; mais la plupart de ces travaux se trouvent disséminés dans des recueils que bien peu de personnes ont les moyens et le loisir de consulter; il était donc utile de rassembler en un volume tout ce qui a été dit de plus important sur ce nouveau métal, sur ses propriétés et sur les usages auxquels il paraît propre.

Un chapitre de ce volume est consacré aux *alliages* que l'on est parvenu à faire avec l'aluminium, à l'étude de leur préparation et de leurs propriétés particulières.

Enfin MM. Ch. et Al. Tissier y traitent longuement des métaux alcalins qui servent aujourd'hui à produire l'aluminium en si grande quantité.

TRAITÉ COMPLET
DES
PIERRES PRÉCIEUSES
CONTENANT
LEUR ÉTUDE CHIMIQUE ET MINÉRALOGIQUE

Les moyens de les reconnaître sûrement, leur valeur approximative et raisonnée, leur emploi, la description des plus extraordinaires et des chefs-d'œuvre anciens et modernes auxquels elles ont concouru

PAR **CHARLES BARBOT,** ANCIEN JOAILLIER

Inventeur du procédé de décoloration du Diamant brut, collaborateur au DICTIONNAIRE UNIVERSEL DES CONNAISSANCES HUMAINES, membre honoraire et vice-président de la Société des sciences industrielles arts et belles-lettres de Paris, etc.

Un fort volume grand in-18 avec trois grandes planches, comprenant 178 figures.

La 1re, les Diamants bruts et taillés avec les principes de la taille.
La 2e, les Diamants célèbres taillés aux Indes et en Europe.
Et la 3e, le rapport de la dimension des Brillants et des Roses au poids de carat jusqu'aux limites de l'ordinaire.

Ce livre est l'œuvre d'un praticien joaillier, minéralogiste et chimiste en ce qui concerne cette spécialité, et dont toute l'existence a été consacrée à l'étude scientifique et appliquée des Pierres précieuses. C'est le fruit de quarante années d'expérience, d'observations pratiques et sérieuses.

Écrit tout à la fois pour les praticiens et pour les gens du monde, cet ouvrage sera lu avec profit et agrément par les uns et par les autres.

Prix : 7 francs.

PRÉCIS ÉLÉMENTAIRE DE CHIMIE

OUVRAGE MIS A LA PORTÉE DES GENS DU MONDE
DES COLLÉGES ET DES INSTITUTEURS

Suivi d'une série de **problèmes** avec leurs solutions ;
de la **synonymie** chimique ;
d'un **vocabulaire** de chimie ; de la description des **appareils**
et de la nomenclature des **réactifs** nécessaires, etc., etc.

PAR **J. GARNIER** JEUNE

Professeur à l'École de commerce et d'industrie de Paris et à l'École préparatoire d'Alfort.

1 vol. in-12 avec 3 planches comprenant 85 figures.

Prix : 2 francs.

CORBEIL. — Typ. et stér. de CRÉTÉ.

les applications dans les arts ou à l'économie animale, etc., etc. Une table alphabétique de ces 1,500 espèces termine le livre et rend facile la recherche de chacune d'elles.

TABLE DES MATIÈRES.

Paris. — Typographie de Firmin Didot frères, fils et Cie, rue Jacob. 56.

www.ingramcontent.com/pod-product-compliance
Ingram Content Group UK Ltd.
Pitfield, Milton Keynes, MK11 3LW, UK
UKHW022017170726
13837UKWH00001B/246